元ルイ・ヴィトン
顧客保有数NO.1

土井美和
Miwa Doi

トップ販売員の接客術

大和出版

はじめに

「あなたに会いたい」と言われる販売員になる方法

突然ですが、あなたに1つ質問をさせてください。

「あなたが良い接客だと思うのは、どんな接客ですか?」

□お客様のニーズを聞き出して的確な提案ができること
□美しい所作や話し方で丁寧な接客ができること
□お客様の質問に対して的確にアドバイスできること
□商品の知識やブランドの歴史についてきちんと説明できること

おそらく、多くの人がこのように答えてくれると思います。
もちろん、全て正解です。
では、ここでちょっと質問を変えますね。

「お客様が『また会いたい』と思うのは、どのような接客ですか？」

この質問に答えられる人は、すでにリピート顧客がたくさんいる人かもしれません。

そして私が本書でお伝えしたいのは、まさにこの部分、つまり「顧客力」なんです。

いわゆる「販売力」はあって、売上実績がトップクラスという人はたくさんいますが、「販売力」も「顧客力」も両方あるという人は少ないのが現実です。

なぜならば、「販売力」は多くの書籍や媒体で知識を身につけて伸ばすことができますが、「顧客力」に関しては学ぶ機会があまりないからです。

私の言う「顧客力」とは、お客様と深い信頼関係を築くスキルのことを指します。この力を身につければ、はじめてお会いするお客様の心を一瞬で掴み、長年に渡り自分宛にご来店いただくことができるのです。

はじめまして、土井美和と申します。私はルイ・ヴィトンにおいて、２０１２年に全国顧客保有数No.１になり、毎年全国トップクラスの売上実績を上げてきました。

一緒に働くスタッフからは、

「たった一度接客しただけで、お客様と長年の顧客様のような関係性を築いている」

「お客様の心を瞬時に開き、懐に入り込むスキルがずば抜けている」

など、嬉しい言葉をもらい、「お客様のハートを掴む魔術師」と呼ばれることもありました。

そんな私が販売員として大切にしてきたのは、**「はじめて出会うお客様といかにして距離を縮めて、来店から退店の限られた時間を楽しんでいただくか」**という、とてもシンプルなこと。

単に商品だけではなく、「私自身を好きになっていただく」接客を確立できたことで、お客様がまた私を指名してくださるようになりました。

そして、結果的に、売上も常に全国トップクラスを維持することができたのです。

このルイ・ヴィトンで顧客作りのスペシャリストとして活躍してきた経験を生かし、現在は、販売員としてステップアップしたい人、売上や顧客作りの悩みを持つ人を対象に講座を開いています。

そんな受講生の人たちからは、

「土井さんの『初回接客のメソッド』を実践して、売上実績が自己最高に！　販売員として自信が持てるようになりました」

「土井さんのアドバイスを店頭で実践してからは、リピート顧客が増えて、日々の売上に追われるプレッシャーから解放されました」

「講座を受けることで、顧客数が全国1位になったんです。お客様一人ひとりと向き合う楽しさに気づけました！」

などなど、嬉しい報告を日々いただいています。

もし、いまこの本を手にとってくださったあなたが、

□ファーストアプローチで無視をされがち
□ヒアリングを重ねて提案しても反応がもう1つ
□単発では売れるが、追加でおすすめすると高確率で断られる
□とくにお会計やお見送りの時間に会話が続かない
□終始和やかな雰囲気だったけれど、リピートには繋がらない
□販売員の将来性に不安を感じながらも仕事を続けている

と悩んでいたとしても、大丈夫。

あなたにも、私が19年間で培ってきた「顧客力」を身につける方法を知っていただくことで、きっと明日からの接客が変わるはずです。

なぜなら、まさに私自身、昔は自尊心が低く、コンプレックスだらけで、リピート顧客がなかなかできないといったジレンマに陥っていたから……。

そう、ここに書いた全てが、かつての私の悩み、そのものだからです。


いま、販売員という仕事は「AIに奪われる職業1位」と言われています。

販売員という仕事に自信を持てなくなったり、この先も販売員を続けていくか悩んだりしている人も多いのではないでしょうか。

ＥＣサイトの台頭で、店頭への来客数が減少しているこの時代に、必要不可欠なのは「お客様と深い信頼関係を築くスキル」＝「顧客力」だと断言できます。

お客様からも会社からも必要とされる、いなくてはならない販売員になるためにも、ぜひ、この本に書いたメソッドを実践してみてください。

本書が少しでも、あなたのお役に立てれば嬉しいです。

土井美和

トップ販売員の接客術　目次

PROLOGUE

接客のマインドを変えれば〝永久リピート〟される

STEP 1

自宅に友人を招くように〝歓迎〟する

WELCOME

STEP 2

商品以外の会話から〝バックグラウンド〟を知る

GET TO KNOW

STEP 3

あなただからできる〝商品提案〟で未来を見せる

PRESENTATION

STEP 4

いま一度、〝将来に続く関係〟を結ぶ

ENGAGE

STEP 5

何年たっても〝色褪せない印象〟を残す

FOLLOW UP

EPILOGUE

今日もお客様の笑顔と〝ありがとう〟に会いたくて

PROLOGUE

接客の
マインドを変えれば
“永久リピート”される

「良い接客」がリピート顧客作りの壁になる

入社当時、私は悩んでいました。

お客様からは「良い買い物ができた」という言葉をかけていただき、ご満足いただけていると思っていたのに、自分宛の再来店には繋がらないのです。

研修で学んだ通りの「良い接客をしている」という自負があっただけに、なぜリピートされないのか、その理由がわからず、とにかくお礼状を書き続けていました。

先輩にこんなにお礼状を書いているのになぜ顧客ができないのかと相談すると、「何百枚書いてようやく一人戻ってきてくれる感じだよ」と言われ愕然としたのを覚えています。それから私は、これまで以上に一生懸命お礼状を書きましたが、リピート顧客が増えることはありませんでした。

いま思うのは「あるべき接客」は1から10まで教わりましたが、「リピート顧客の作り方」は一度も教えてもらったことはないので、悩むのも当然だということです。

学生時代から飲食など接客業のアルバイトを経験し、お客様と接することが大好きだった私は、大学卒業後も「接客業を極めたい」という思いで、ルイ・ヴィトンへ入社しました。

約80名の同期は素敵な人ばかりで眩しくて、「なんて場違いなところにきてしまったのだろう」と気後れしつつも、1ヵ月の研修の中で、身だしなみ、メイク、話し方、所作、ブランドの歴史、商品知識、アフターケアなど、とにかくありとあらゆるマナーや知識を学びました。

ルイ・ヴィトンには、世界中のスタッフが同じ基準で店頭（ON STAGE）に立てるように、髪色や髪型、ネイルカラー、制服の組み合わせなど事細かに指定された「ON STAGE」というガイドラインがありました。私はこのような制服に身を包み、華やかな店舗で働けることが嬉しくて仕方なかったのです。

しかし、当時教わってきた「丁寧な接客」「礼儀正しい接客」は、販売員としての「あるべき接客」であり、私は同じ制服に身を包んだ他の販売員との違いもわからないような、言ってしまえば自動販売機のような接客をしていたのだと思います。

「リピート顧客ができない」という悩みを持つ人はたくさんいますが、皆さんに共通しているのが、「良い接客だけど、その人の印象は残らない」ということです。

ここで言う「良い接客」は必ずしも「またあなたに会いたい」と思える接客とイコールではないのです。

たとえ販売員の模範となるような接客ができていなかったとしても、「なんかあの人すごくおもしろかった」「なんかすごく楽しい時間だった」と感じていただけることが、お客様にとってはずっと印象に残り「またあの人に会いたい」と思っていただけることだったりするのです。

この悩みには、年齢や経験年数など関係ありません。

たくさんの知識があるのにリピート顧客ができずに悩む人もいる一方で、新人で知識が全くない人に自然とリピート顧客ができるなんてことは、よくあります。

POINT

印象が薄ければ、どれだけお礼状を書いても意味がない

私は新人時代のように多くのお礼状を書かなくても、2012年以降ルイ・ヴィトンにおいてトップの顧客保有数を維持することができました。振り返ると、あのときに費やした時間と労力はもっと別の使い方ができたのではないかと思います。

あくまでも私はこのような経験をしてきて、いまそのことに気づいたということですが、誰もが同じように苦労する必要はないと思っています。

ですので、本書を手にとってくださったあなたには、私が19年間で顧客作りのスペシャリストとなったノウハウを全てお伝えしていきたいと思います。

「販売力」と「顧客力」はまったく違うスキル

講座の生徒さんから「売上を上げるためにはどうすればいいですか？」という質問を受けることがよくあるのですが、実のところ私は、これまで売るためのスキルやノウハウに興味を持ったことがありませんでした。

それよりも私が興味を持って学んでいたのが、「どのようにお客様に楽しんでいただき、ご満足いただくか」というコミュニケーションの部分です。お客様の心を掴んで魅了している販売員はどのような接客をしているのか、そのスタッフの考え方にとても興味があったのです。

質問の答えとして私が言えるのは、「お客様に心から楽しんでいただければ、『またあなたに会いたい』とリピートされて、結果として『この人から買いたい』という売上にも繋がる」ということです。

ルイ・ヴィトンに入社した2001年頃、いまでは想像できないかもしれませんが、ラグジュアリー業界は「売り手市場」でした。クリスマス前にはお店の外に長蛇の列ができて、入店まで1時間以上お待ちいただいたり、「お一人様5点まで」と購入数の制限を設けたりするほど、お店はお客様で溢れていました。

当時23歳の私は当たり前のように、1つでも多くの商品を売るために効率的な接客をしていましたし、それが通用する時代でした。

しかし、その後「リーマンショック」や「東日本大震災」を経て、ご来店されるお客様は激減し、ご来店されても慎重に商品を選ぶお客様の姿がそこにはありました。

いま思えばとんでもないことですが、それまでの私は「ただそこに笑って立ってさえいれば売れる」、そんな甘い感覚でいたのだと思います。

このままの接客スタイルではやっていけないと、私は強く危機感を抱いたのです。

そんなとき、転職してきたばかりのあるスタッフを見て驚きました。

彼女は、「今日、実は誕生日で……」と言うお客様に、本当に嬉しそうに拍手をしながら「おめでとうございます！」と伝えていたのです。

こんな接客はそれまで見たことがありませんでした。

彼女は普段から人当たりがよく、私たちスタッフにも自然に温かい声をかけてくれるような気遣いができる人でしたが、そんないつもの彼女らしい一面が、接客中にも自然と見えたことが印象的でした。

「お客様とあんなふうに接していいんだな……」と、彼女の人柄がわかる接客を見ていると、彼女に顧客が多いのも頷けました。

これをきっかけに、私はこれまでのようなただ「商品を売る」ことにフォーカスする接客ではなく、**商品を買う買わないに限らずお店にいる時間を楽しんでいただくこと、人柄が伝わるような温度感のある空間を作ること、を意識するようになりました。**

それからは多くのお客様から、

- 親戚のお姉さんや友人、ときにはスナックのママと話しているみたい
- 変に媚びることなくサラッとしていて自然体で、あっという間に虜になっていた
- 「土井さんのアドバイスに従えば間違いない！」と初回から信頼できた

なんて言っていただけるようになり、リピート顧客が増えるのと同時に、毎年全国トップクラスの販売実績を上げることができました。

はじめてお会いしたお客様に、長年に渡ってずっと自分宛にいらしていただくことが私の最大の強みになったのです。

そして、このリピート顧客を作る力は、何より販売員にとって精神的に健康でいられることに繋がります。

閑散期と呼ばれる時期にご来店数が少なくても、顧客は自分宛にコンスタントにいらしていただけます。また、イベントや新作発売時期など、お客様をご誘致するべきタイミングでも、不安やプレッシャーを感じることなく年間を通して安定した実績を作っていくことができるのです。

POINT

「販売力」は顧客数に直結しないが、「顧客力」は売上に直結する

「これからの販売員」に求められていることって？

ほしい商品があったとき、あなたはどこで購入しますか？

「足を運びやすい店舗」「価格が一番安い店舗」「ポイントが貯まる店舗」「ワンクリックで手間のかからないネットサイト」など、選択する上でのポイントは人それぞれだったりします。

私の場合は「ポイントが貯まる店舗」でした。そのため、仕事を頑張った自分へのご褒美にジュエリーを買いたいと思ったときも、「ポイントが貯まるクレジットカードを持っているあの百貨店で買おう」と決めていました。

ある日、母と六本木でランチをしたついでに、そのジュエリーの下見として、ふらっと偶然近くにあった店舗に立ち寄ったときのことです。

購入する店舗は決めていたので、この日はただ母に見せるために軽い気持ちで入店したのですが、そこで声をかけてくれた販売員さんがとても素敵だったことを、いまでも鮮明に覚えています。

彼女はこれまで会った販売員さんの中でも数少ない、人柄の見える販売員さんで、入店から退店まで心から楽しい時間を過ごすことができました。

「今日はただ見ているだけなんです」と伝えた私たちにもバラの紅茶を出してくれて、「試着されたことはありますか？」と聞いてくださり、「せっかくいらしたんですから試着するだけでも！」と遠慮する私に温かく試着をすすめてくれました。

雑誌やネットで何度も見てきたジュエリーでしたが、試着をしたのはこのときがはじめてで、本当に嬉しかったのです。

お礼を伝えてお店をいったんあとにしましたが、やはり対応してくれた販売員さんのことが忘れられず、少ししてから母とお店に戻り、その日のうちに購入してしまったということがありました。

どこかより「安い」「便利」そういったものを軽々と越えて、「あの人から買いたい」という想いが勝った瞬間でした。

それと同時に、こうして販売員という「人」の存在が、価格や便利さを越えることがあるのだということを経験して、自身の接客を改めて見つめるきっかけにもなりました。

いま、まさにこれを読んでいるあなたの職業である「販売員」という職業は、「AIに奪われる職業1位」と言われています。

コロナの影響が追い風になりECサイトで購入する人がさらに増えて、リアル店舗への来客数が減少しているのも事実です。

しかし、この私の体験談のように、販売員は単に「商品」を販売しているだけではなく、人と人とのコミュニケーションなくしては得られない「体験」そのものを販売していると思うのです。

冒頭でもお伝えしたように、どこで商品を買うかお客様自身が選別できる時代だからこそ、販売員は「数をたくさん売る」「効率よく接客する」ということよりも、**お客様に自分の店舗を選んでいただくために「お客様一人ひとりと深く繋がる」ことが必**

要不可欠なスキルになっていくのだと思います。

私はその力を「顧客力」と呼んでいるのですが、本書を通してあなたにも「顧客力」を身につけていただき、これからの時代を自信を持って生き抜いてもらいたいと思っています。

POINT

結局、〝人柄の見える販売員〟が選ばれる

リピート顧客作りに欠かせない「3つの心得」

販売員である以上、商品を販売することが目的にあります。

しかし、商品を販売するだけであれば、前項でお話ししたように他の誰でも、言ってしまえばネットでもいいわけです。

「またあなたに会いたい」「またあなたから買いたい」そう思っていただけるかどうか。**これから先もずっと自分宛にいらしていただける「リピート顧客」にしていくことこそ最も重要なことなのです。**

そして、そのためには初回の接客が１００％だと私は考えています。実はすごくエネルギーのいることですが、ここにどれだけ〝一客入魂〟できるかだと思います。

まずは、長きに渡って自分宛にいらしていただける「リピート顧客」を獲得していくための核となる「３つの心得」を紹介します。

□□「SHARE（シェア）」共感して楽しむ

まずはお客様と共通点を見つけて、共に会話を楽しむことです。

□この人と話すと楽しい
□この人に会うと元気になる
□またこの人に会いたい
□この人は信頼できる
□この人だったら私の話を聞いてくれる
□この人には何でも話ができる
□心が通い合っている感じがする
□この人は私のことをよくわかってくれている

お客様と販売員という壁を一気に突破し、こう感じてもらえたら最高です。
ここが最も大事な要素です。

多くの販売員は、提案をするために商品に関するヒアリングを重ねます。もちろんそれは大切なことで、無駄のないスピーディな接客にはなりますが、一方的なヒアリングだけでは再来店には繋がりません。

つまり、リピート顧客作りに必要なのは、お客様と販売員ではなく、ただそこにいる人と人が共感している、その関係を作り上げることなのです。

実際に接客の中でどのように「SHARE」していくのか、という部分はこの後の接客のステップの中で具体的にお伝えしていきますね。

□□「CARE（ケア）」フォローアップを続ける

一度接客をしたお客様に、お礼の連絡をすることは当然のことです。

ただその後、どのタイミングで再度連絡をすればいいかわからず、そのままフェードアウトしてしまうのは販売員であれば誰もが経験することかもしれません。

そこで私がやってきたことを紐解いていくと、お客様の記憶が完全に抜けないうちに連絡するということです。

ドイツの心理学者、ヘルマン・エビングハウスによって提唱された「エビングハウスの忘却曲線」によると、人間は自分が興味のない事柄に関しては、

- 20分後には42%を忘れ、58%を覚えている
- 1時間後には56%を忘れ、44%を覚えている
- 1日後には67%を忘れ、33%を覚えている
- 1週間後には77%を忘れ、23%を覚えている
- 1ヶ月後には79%を忘れ、21%を覚えている

という結果があります。

なんと記憶してから1日経つまでに、67%もの記憶が失われます。

つまり、出会ったその日に得た興味のない記憶は、その日のうちにほとんどが消え、たった一部分だけしか継続して覚えていられないということです。

しかし、興味を持ってインプットした情報は、急激に忘れることはありません。

例えば、記憶に残る会話や記憶に残る販売員のことであれば。

つまり、接客でお客様と十分に「SHARE」した上で、お客様の記憶が曖昧になる前に継続的にアプローチする必要があります。

人は忘れる生き物だということを念頭に置いて、接客後もお客様の様子を伺いながら、継続してアプローチしていくことが大事なのです。このフォローの方法については、STEP5で詳しくお伝えします。

□□「DARE（デア）」恐れずに関係を深める

「DARE」とは英語で「恐れずに〇〇する」、「臆せずに〇〇する」という意味があります。これは、接客においてだけではなく、私が仕事をしていく上で常に大切にしてきたマインドです。

まずバッターボックスに立たなければ、ヒットもホームランも打てませんよね。バッターボックスに立つ前から失敗することを考えて恐れるのではなく、とにかくバッターボックスに立ちバットを振る、という姿勢が大事なのです。

接客においても「臆せずにトライしてみる」ということです。ただただ丁寧で「あるべき」常識的な接客をしていれば、傷つくことはないかもしれませんが、一歩踏み込まなければリピート顧客にはなり得ません。

当たり障りのない商品軸で会話をしているだけでは、「あなた」という印象をお持ち帰りいただき、お客様の記憶に残る販売員になることはできないのです。

私はあなたに臆せずチャレンジしてほしいです。この「DARE」によって、一瞬でそのお客様にとっての「特別な販売員」になれるかもしれないのですから。

絶えずこの「3つの心得」を意識しながら、お客様との関係構築をしていくことが大切です。その上で「初回接客の5ステップ」をマスターしていただきたいのですが、それはのちほど詳しくお伝えします。

POINT

キーワードは「SHARE」「CARE」「DARE」

「only oneの販売員」だけがしているマインドセット

私が、19年間販売員をしてきた中で大切にしていたのは、**「いま、目の前にいるお客様はたった一人のお客様である」**というマインドです。

「え？　当たり前でしょ」って、思ったかもしれません。

本当に当たり前のことなんですよね。今日出会うお客様は、はじめてのお客様。たった一人のお客様だなんて当然のことなのに、私たち販売員にはいつしか大勢の中の一人に見えてしまうことがあります。

1日に何人も何十人も対応していく中で、いつの間にかお客様をシルエットで捉えるようになってしまうんです。

□ 長財布をお探しの40代女性

- 新作のスニーカーをお探しの20代男性
- ネクタイを見にきた30代サラリーマン

こんなふうに。目の前のお客様は他の誰でもなく、たった一人の人間なのだと、毎回の接客で目の前のお客様と向き合うことこそが、実は難しかったりします。

忙しい毎日の中で、「one of them（大勢の中の一人）」としてシルエットでお客様を見るのではなく、「only one（たった一人）」のお客様としてきちんと毎接客向き合えるかどうか、それこそが一番大切なマインドです。

このマインドを持つことこそが、リピート顧客ができる接客への近道だと思います。

例えば、長財布をお探しの40代女性は、

- なぜ今日このお店を選んで立ち寄ったのか
- 今日はお休みなのか、仕事の合間にいらしたのか
- お店にいらしたあと、どのような予定があるのか
- どのくらいの頻度でこのエリアにはいらしているのか

□ なぜ長財布をお探しだったのか
□ これまでにもこのブランドで愛用しているものはあったか
□ あなたとどんな話で盛り上がったのか

このように接客をする中で、お客様とたくさんの「SHARE」をして、お客様の話をしっかり聞くことができれば、「40代女性」というシルエットだけではなく、「only one」のお客様として記憶できるはずです。

そしてお客様にとっても、あなたはブランドの一販売員というシルエットではなく、「○○さん」という、お客様にとっての「only one」の存在になれるのです。

「お客様の顔が覚えられない」という悩みを持つ人は多いですが、お客様の目を見て、このように深い会話をすることで、変化があるはずです。

POINT

お客様を覚えられない人は、〝覚えてもらう人〟にはなり得ない

お客様の心を掴む「初回接客の5ステップ」

「よい第一印象を作る機会は二度とない」。これはココ・シャネルが残した言葉です。

以前、結婚した友人にご主人との馴れ初めを聞いたら、

「はじめて会ったときは印象が悪かったの。でも何回か会ううちに、好みや大切にしていることが似ているってわかって、だんだん惹かれるようになって」と話してくれたことがありました。これを読んでいるあなたも、もしかしたらこれまでに出会った人の中で、「第一印象はあまりよくなかったけど、何度か会ううちに好きになった」という経験があるかもしれません。

でもそれは、あくまでも二度目のチャンスがあったからこそ、ですよね。

販売員にはそのチャンスは二度と訪れないかもしれません。

だからこそ、私はいつも「初回の接客が100%」という意識を持っていました。

初回の接客でお客様の心を掴むことができなければ、その後どれだけ一生懸命連絡をしても、そのチャンスは訪れないと言っても過言ではありません。

では、「お客様の心を掴む初回の接客」とはどのようなものなのでしょうか。

入店から退店まで、左の図のようにいくつかステップがありますよね。各ステップのゴールは何か、はじめにしっかりと押えておきましょう。

STEP1 WELCOME

はじめのステップでは、入店されたお客様をお迎えするところから、ファーストアプローチについてまでお伝えします。

このステップでは、セールスするために、ということはいったん置いて、純粋に「ようこそわが家へ」という、友人や家族を自宅に招くような歓迎の思いをお伝えし、お客様のマインドブロックを外すことがゴールです。

お客様の心をほんの少しでもリラックスさせることができれば、それでOKです。

自然と"リピート顧客"ができる初回接客の流れ

	各ステップの目的
STEP 1 自宅に友人を招くような WELCOME	お客様の心をほんの少し リラックスさせる
STEP 2 バックグラウンドを知る GET TO KNOW	商品以外の会話をして、 お客様の好みや バックグラウンドを知る
STEP 3 あなただから提案できる PRESENTATION	お客様を知ったからこそ できる商品提案をする
STEP 4 将来に続く関係を作る ENGAGE	ここまで「SHARE」してきた 内容をもう一度印象づける
STEP 5 より鮮明に印象を残す FOLLOW UP	継続してお客様に 連絡をする

□□ STEP2　GET TO KNOW

２つ目のステップでは、「SHARE」をしてお客様との会話を楽しみながら、「真のニーズ」を聞き出します。

ここは、次のＳＴＥＰ３やＳＴＥＰ４に繋げる大事なステップです。

できるだけ「商品以外の会話」をしましょう。商品提案のためにニーズを聞き出すことができる販売員は多いですが、将来の関係構築には「お客様自身を知るため」の会話が必要不可欠です。

ライフスタイルや好みなど、お客様のバックグラウンドを知ることがゴールです。

□□ STEP3　PRESENTATION

３つ目のステップでは、前ステップでお客様を知った上で、それを基に商品の提案をします。

ここでは、単純にお客様が必要としている情報や商品の提案だけではなく、**前ステ**

ップの会話を基に「お客様を知ったからこそできる提案」をするのがゴールです。
AIでもできる「これもおすすめ」というものではなく、お客様と多くの会話をして好みやライフスタイルを知った上で、あなただからこその提案ができるようになれば、リピート顧客は確実に増えます。

STEP4 ENGAGE

4つ目のステップでは、クロージングをして、いま一度将来に繋がる関係構築をするための会話をし、最後までお見送りをします。

このステップでは、**ここまで多くの「SHARE」をしてきたからこそ、その会話をいま一度共有して、「あなた」を最後にもう一度印象づけることがゴールです。**

お客様の背中をお見送りしながら、「きっとあの方はまた会いにきてくださる」という確信が持てるといいですね。

STEP5 FOLLOW UP

最後のステップでは、接客したお客様へのご連絡についてお伝えします。

来店されたお客様にお礼の連絡をすることはできても、その後どのようなタイミングで連絡をして次に繋げていけばいいのか、難しさを感じている人も多いです。

一度きりにせず、せっかく出会えたお客様にその後も長く「あなた宛」に来ていただくために、継続したコンタクトをとることがこのステップのゴールです。

次の章から早速、STEP1「WELCOME」についてお話しします。

POINT

初回接客を制する者は、顧客作りを制す

STEP 1

自宅に友人を招くように“歓迎”する

WELCOME

「歓迎」は言葉に頼らない

まずは、お客様が来店された際の迎え方についてお話しします。

あなたがお客様だったら、どんなお店が入りやすいと思いますか？

入口に何人ものスタッフが姿勢よく立っていたら、気軽にふらっとは入店しづらかったりしますよね。


お客様が身構えることなく、リラックスできる状態を目指すのならば、「動的待機」と呼ばれるような、ディスプレイを直しながら、でも顔と意識は入口に向いている姿勢が最適です。「入店したらすぐに声をかけられちゃうかも……」というドキドキ感が入りづらさに繋がるので、体は少し動かしながら、でも意識は常に入口に向けて、「ご自分のペースでゆっくりご覧くださいね」という雰囲気を作りましょう。

来店時には必ず、「いらっしゃいませ！」と大きな声で挨拶をするべきだと思っている人もいますが、私は必ずしもそれが正解だとは思いません。

例えば、自分が接客に入っていても、きちんと目を見て微笑んだり、口パクの「いらっしゃいませ」というジェスチャーをすれば歓迎は伝わります。

たとえ声が出ていなくても「歓迎」は届くのです。

お客様は本当によく見ています。

ある日、私が接客したお客様をお店の外までお見送りしたあと、店内に戻ると、新規のお客様にすぐ声をかけていただきました。

「お見送りしていた姿がとても感じよくて待っていました。見たいものがあるんですけど、いいですか？」

と言われたのです。**私にとっては別のお客様のお見送りでも、そのお客様にとっては「歓迎」になっていたのだと驚いた出来事でした。**

このように、「いらっしゃいませ」と入口に立ち声をかけることだけが「歓迎」ではなく、どのような場面でもお客様は見ていて、あなたの接客態度すらも、お店としての「歓迎」「非歓迎」になるということです。

たとえ業務のことでも、販売員同士がずっとしゃべっている様子は、お客様からすれば「非歓迎」に当たるかもしれませんね。

ルイ・ヴィトンには、「ON STAGE」という言葉がありますが、「一歩店頭に出たら、そこは舞台に上がった女優のように、立ち姿、歩く姿など全てがどこから見られていても恥ずかしくない自分であるべき」という意味が込められています。

店頭に立つときには、身だしなみや表情、姿勢や歩き方などいま一度振り返り、相応しい「歓迎」ができているかを確認しましょう。

気づいたら、お客様から声をかけたくなるあなたになっているはずです。

POINT

一人ひとりのお客様に、笑顔とアイコンタクトを送る

「何かお探しですか？」を使わないファーストアプローチ

お客様をお迎えしたあとは、いよいよファーストアプローチです。

ファーストアプローチは、接客の中で一番大切なステップと言っても過言ではありません。私が19年間販売員をやってきた中でも、常に模索しながら磨き続けたテクニックの1つです。

そして、ファーストアプローチで心をしっかりと掴み、リピート顧客になったお客様がほとんどなので、ぜひあなたにもマスターしていただきたいと思います。


まずファーストアプローチでつまずく販売員に共通するのは、いつでも、どこでも、どのお客様に対しても同じ声がけをしているという点です。

☐よろしければお手にとってご覧ください
☐よろしければ鏡の前でお合わせください
☐よろしければご試着してみてください
☐何かお探しでしたらおっしゃってください
☐サイズやお色違いもお出しできるのでおっしゃってください

これはとても便利なフレーズですが、１００人のお客様が入店されたら１００人にできるアプローチですよね。

もちろん、この声がけで売上に繫がることもありますし、購入品が決まっていて明らかに商品を探しているお客様であれば、「何かお探しですか？」という声がけがベストなこともあります。

しかし、ふらっと立ち寄ったお客様の場合、この声がけだと「何かを売られる」「セールスされる」と感じとって気持ちにブロックがかかり、かえって関係構築においては遠回りになってしまうことがあります。

「ご来店の目的はいつも何かを探しているわけではない」という当たり前のことを認識して、目の前のお客様にどのようなお声がけができるのか、一人ひとりの行動やしぐさ、目線の動きをよく観察して考えるということが大切です。

とはいえ、「お客様一人ひとりに合わせた声がけ」と言われても、なかなかイメージが掴みにくいと思います。

そこで、お客様がご来店される目的はさまざまありますが、「目的がなくふらっと立ち寄ったお客様」と「目的があってご来店されたお客様」の大きく2つに分けて、ファーストアプローチの方法を考えてみましょう。

あなたも定型文を意識的に封印して、これから紹介するアプローチ方法にトライしてみてください。

POINT

「よろしければ○○」を今日から禁止しよう

「ふらっと立ち寄ったお客様」が心を開く〝3つのきっかけ〟

まずは、「目的がないお客様」へのファーストアプローチです。

そもそも、STEP1「WELCOME」のゴールは、「お客様の心をほんの少しリラックスさせること」でした。

繰り返しになりますが、人は「売り込まれる」「セールスされる」と感じた瞬間に壁を作ってしまいがちなので、**ふらっとお店に入ってすぐ「何かお探しですか」「よろしければお伺いいたします」というような商品に直結するアプローチは、関係構築においては逆効果です。**

そこで、ここではお客様に警戒されないために、商品の話から離れるファーストアプローチをお伝えします。

商品の話から離れる「ファーストアプローチ」

天気・季節きっかけ

→“天気の変化”をきっかけにお客様を気遣う

「暑い中、ご来店ありがとうございます。
店内でゆっくりお過ごしくださいね」

→“季節の変化”をきっかけにお客様の購買意力アップ

「朝晩はずいぶん涼しくなってきて、
ようやくニットが着られると思うと楽しみですね」

持ち物きっかけ

→“身につけているもの”をきっかけに、
オープンクエスチョンで会話を広げる

スニーカー

「素敵なシューズですね! どちらのものなんですか?」

ショップ袋

「○○に行かれたんですね! いかがでした? まだ混んでましたか?」

自社製品

「ご愛用ありがとうございます!
どちらの店舗でお求めいただいたんですか?」

身なりきっかけ

→服装から“想像できる”
お声がけをして、会話を始める

スーツ姿

「(平日のお昼だけど、仕事中かな?)
ご来店ありがとうございます。いま、お仕事中なんですか?」

キャリーケース

「(ご旅行中かな?)大きな荷物ですね。ご旅行ですか?」

□□ 天気・季節きっかけ

天気をきっかけとしたお声がけは、初対面の人はもちろん、久しぶりに会えた友人やご近所の人など、どんな人ともできる定番の話題ですよね。

「ご来店ありがとうございます。急に雨が降ってきましたね。大丈夫でしたか？」
「今日は急に寒くなりましたね。店内でごゆっくりお過ごしくださいませ。何かお手伝いできることがあればいつでもおっしゃってくださいね」

など、お手荷物やお召し物に気を使いながら声をかけたり、まるで自宅に招いた友人に声をかけるようお声がけします。

また季節をきっかけとしたファーストアプローチは、お客様のお買い物の気分を変えることも可能です。

例えば、店内にコートやブーツなどの秋冬物が入荷してくる時期だけど、まだ外は真夏で30℃超えなんてことも多いですよね。サンダルにノースリーブといった格好の

お客様にはついつい、「今日も暑いですね」と声をかけてしまいそうになりますが、

「でも、朝晩はずいぶん涼しくなってきて、秋らしくなってきましたね」

「ようやくそろそろニットなどが着れると思うと、楽しみですよね」

というようにお声がけを工夫すれば、まだまだ夏気分のお客様も「秋冬のものをそろそろ見てみようかな」という気分になるはずです。

販売員のお声がけ1つで、その後の商品を見るテンションは変わるのです。

持ち物きっかけ

このアプローチは、お客様が身につけている「物」に触れるお声がけです。お客様のお召し物や持ち物に興味を持ってお声がけしましょう。

「お客様のスニーカー、私も以前から気になってたんです。やっぱり履いているの

を見るとすごく素敵ですね！　どちらで購入されたんですか？」

など、お客様が身につけているものに触れて、**オープンクエスチョン（YES・NOで答えられない質問）をすることで、いろいろと話してくださるきっかけが作れます。**

この会話で、お客様が購入したお店を教えてくださったら、その後はよく行くお買い物エリアについてなど、話を広げることができます。

また、あなたのブランドの商品を身に着けていたら、必ず感謝を伝えます。

「お客様、〇〇をお持ちくださっているのですね！　ご愛用いただきありがとうございます」

「どちらでお求めいただいたのですか？」

「いつ頃ご購入くださったのですか？」

と質問を続けることで、いつも訪れる店舗やご来店の頻度なども見えてくるかもしれません。このようなファーストアプローチから、STEP2「GET TO KNOW」にスムーズに入ることができます。

近くにある話題のお店の紙袋を持っているときには、

「○○に行ってこられたんですか？　先日オープンしたばかりの頃はとても混んでいましたがいかがでしたか？　混んでいました？」

という感じでお声がけができます。

興味を持ってお声がけすると、お客様から情報を教えてもらえることが多いので、

お客様「最近できた○○というお店に行きたくて近くにきたんです。混んでるかなぁ」

販売員「あっ、○○というお店ですよね！　ちょうど先週ご案内したお客様が行かれたそうですが、もう並ばずに入れたとおっしゃっていましたよ。スムーズに入れるといいですね」

というように、自分で足を運んだり、自分で見たりしていなくても、お客様からの

情報で他のお客様とお話しすることもできますよね。

実は、私はお客様を褒めるのが苦手という時代がありました。

その頃の私は、「お客様を喜ばせなくちゃ」「そのように言わなくちゃ」という思いが強く「嘘っぽく聞こえてしまわないかな」という気持ちが勝っていたのです。

しかし、お客様や一緒に働くスタッフの素敵なところ、尊敬できるところ、好きなところを見つけようと心がけてからは、不思議なことに全く苦手意識なくできるようになりました。

表面的な褒め言葉は通用しません。どんな小さなことでも、ものや人に対して、いい部分、好きな部分に目を向けるように意識すると、それだけでかなり変わります。

褒めることに抵抗がある人は、是非意識してみてください。

□□ 身なりきっかけ

お客様の身なりから「想像力」を働かせて声をかけてみましょう。

「持ち物きっかけ」との違いは、ただ単にその「物」について触れるのではなく、**持ち物も含めた身なりから、その方のバックグラウンドを想像して声をかけるということです。**例えば、スーツ姿でキャリーバッグを引いているお客様には、

「いらっしゃいませ、こんにちは。ご出張ですか？　どちらからなんですか？」

「店内をご覧いただいている間、キャリーバッグをお預かりしましょうか」

というように声をかけます。

また、カジュアルな装いの旅行バッグを持ったお客様には、

「大きな荷物ですね。ご旅行ですか？」

「どちらからですか？」

なんて、自然にアプローチできます。その後も、

「どちらに行かれましたか?」

「何日間くらいいらっしゃるのですか?」


と、話は弾みます。

自分が行ったことがある場所や親戚が住んでいる場所、出身地など、共通点が見つかれば「SHARE」できますよね。話が弾み、お客様もあなたもとても楽しい時間を過ごすことができ、きっとリピートに繋がるはずです。

また、平日にスーツを着てご来店された男性であれば、

「ご来店ありがとうございます。お仕事中なんですか(仕事の合間ならあまり時間がないかな、何か急ぎでお探しのものがあるのかな)?」


と、お声がけすると、「ちょうど近くで仕事があって。今日、実は妻の誕生日なんです」などお話しくださったりします。

夏祭りのシーズンに浴衣でご来店されたお客様には、

「浴衣、とてもよくお似合いですね！　どちらかの花火大会に行かれるんですか？　いいですね！」

とお召し物に触れると、**楽しみでいらしているお客様の気持ちを、より盛り上げることができるのではないでしょうか。**

たとえその日にはお買い物されなかったとしても、そこで楽しく会話ができていたら、後日あなたの元にまた足を運んでくれるはずです。

POINT

お声がけ1つで、お客様の態度はガラリと変わる

「目的があってご来店されたお客様」への〝2つの質問〟

前項では、「目的のないお客様」へのセールスを感じさせないファーストアプローチをお伝えしました。次に「目的のあるお客様」に対するアプローチ方法についてお話しします。

前提としてお客様が、見たいものがある、ほしいものがあるなどの「目的があって来店している」ので、ここでは商品に触れた会話をしてもいいということになります。

まず、目的のあるお客様は、来店してすぐに特定の商品を触ったり、何度もその商品を見ていたり、スマホを見ながら店内を歩いているなどの特徴があります。

そのようなお客様を見つけたら、商品を手にとられたタイミングで、

商品の話などに触れた「ファーストアプローチ」

→「以前にも○○したことはありますか?」と過去を質問する

「以前にもご覧になったことはありますか?」

「以前にもご来店いただいたことはありますか?」

YES　　NO

答えによりアプローチ方法が変わる

YES → お客様を知るきっかけになる

「どこでご覧になられたんですか?」

「普段はこのあたりで買い物されるんですか?」

NO → 商品や店舗を紹介をするきっかけになる

「この商品は○○」

「当店は○○」

「ご来店ありがとうございます。こちらの商品は以前にもご覧になったことはありますか？」

と声をかけます。**この「以前にも◯◯したことはありますか？」という過去の質問は、とても有効です。**

私が以前、あるお菓子屋さんに行ったときのことを少しお話しさせてください。

そのお菓子屋さんの商品は見た目もかわいく手土産に喜ばれるので、これまでに何度も購入したことがあり、「今回もこのお菓子屋さんで買おうかな」と、訪れました。ショーケースを覗いていると、店員さんが声をかけてくれて、「このグミは硬いグミではなくて少し柔らかいグミなんですよ。こちらのキャンディは……」と説明を丁寧にしてくれました。

しかし、私はこのグミは何度もギフト用に購入して食べたこともあり、「すでに知っているんだけどな……」と思いました。もしも、店員さんがここで、

□以前にもご覧になったことはありますか？
□以前に召し上がったことはありますか？
□以前、ご購入いただいたのはいつ頃ですか？

ということが聞けていたとしたら……、と考えたのです。

「以前は○○店でご購入されたのですね。いつもありがとうございます。こちらが当店限定の○○です」
「召し上がってみていかがでしたか？」
「以前購入されたのは○月だったのですね。ありがとうございます。こちらが今月発売になったばかりの新作です」

というような、お客様に感謝を伝えたり、他のアプローチをすることができたのではないかと想像できます。

このエピソードのように、目的のあるお客様の場合、すでに一度商品を見ていて再来店されたり、他店舗で同じ商品を見ていたりする可能性もあります。

「以前にも○○したことはありますか？」という質問の答えによって、お客様が商品の説明をすでに聞いているかどうか、説明をするべきかどうかがわかります。

答えが「ＹＥＳ」であれば、「どちらでご覧いただいたんですか？」と続けますし、「ＮＯ」であれば、「そうなんですね、実は先日発売になった商品なんです。ぜひ鏡の前でお合わせください」と説明を加えながらお話しができるというわけです。

「以前にもご覧になったことはありますか？」と同じぐらい私がよく使うのが、

「以前にも当店にご来店いただいたことはありますか？」

という質問です。これはお客様の来店頻度や、普段はどのあたりの店舗に行かれるのかを知るきっかけになります。

答えが「ＹＥＳ」であれば、「いつもありがとうございます」と感謝を伝えたり、「ご自宅がお近くでいらっしゃるのですか?」と普段のショッピングエリアを伺うきっかけになります。「NO」であれば、「はじめてなんですね。ありがとうございます。当店は……」とお店の取扱いの商品やフロアの案内ができます。

この「以前に○○したことはありますか?」と過去を尋ねる質問は、その後のお客様へのアプローチやアクションが変わってくるとても大切な質問です。

ファーストアプローチに限らず、この後のSTEP2「GET TO KNOW」でもこの質問が効いてくるので、しっかり覚えておいてください。

POINT

"過去"を質問すれば、自ずと次のワードが決まる

セカンドアプローチのコツは「無言の接客」

ファーストアプローチをしてお客様から無視されたり、素っ気ない態度をとられたり……、販売員であれば一度は経験していると思います。それがトラウマになり、声をかけるのが怖くなってしまったという人も少なくありません。

これを読んでいる人の中にも、「傷つきたくないから、当たり障りのない声がけしかできなくなってしまった」という人もいるかもしれませんね。

でも、どうでしょうか。

お客様は目的があってご来店される方ばかりではないですよね。ただふらっと立ち寄ったというお客様にとっては、入店して声をかけられることはちょっと避けたいというのが普通だと思いませんか。

「あ、今日は見るだけなので……」「あ、大丈夫です……」というように、「セールスされるかも」と思うと防御壁を作ってしまうものではないでしょうか。

そう思えば気がラクだと思います。

私は「ふらっときているだけなので放っておきましょう」と言っているわけではありません。素っ気なくされたからといって、落ち込む必要はないということです。

そして、「大丈夫」と言われたから放っておこうとなるのもまた違います。

私がこのようなときにどうしていたかと言うと、もちろん、その後もお客様を観察して、商品を手にとるタイミングでセカンドアプローチをしてみる、ということもありました。

もう1つの方法としては、**とくに何も話さずに、お客様が目を留めた商品の関連商品、例えば色違いや形違い、同じシリーズのものをざっと手にとりやすいように、お客様の近くに並べてしまったりします。**

もしアパレルの販売員だとして、お客様が白いニットをご覧になっていたら、同じようなニットを近くに集めて置いてみたり、白いニットとコーディネートできそうなパンツを置いてみたりするのもいいかもしれません。

イヤホンを外してくれないお客様や、ファーストアプローチで全く反応がなかったお客様もこのように商品を並べると、自然と手にとってくださったりします。

そこから自然と、「これはいくらなんですか?」とか「こんなに種類があるんですね」などと話してくださいます。そんなときは、

「こちらは○○円になります。ディスプレイしきれないものもたくさんありますので、お好みのものがあればおっしゃってくださいね」などと続けます。

セカンドアプローチ、サードアプローチと諦めずに何度もお声がけすると、「放っておいてほしいのに!」と気分を害して、すぐに退店してしまうお客様もいますよね。

だからこそ、静かに自分だけで商品を見たいようなお客様には、他の作業をしているように動きながら、さらりとお客様が止まって見ている周りに商品をいろいろ出し

てみるというのも1つのとっかかりになります。
これも実際に私がやっていたことで、お客様との会話のきっかけになることが多かった方法なので、ぜひ試してみてください。

POINT

「さらりと」「臆せずに」行動を起こしてOK

「SHARE」で苦手意識すらも得意に変える

入店されたお客様を見て、なんとなく「あ、ちょっと苦手なタイプかも……」なんて思うことはありませんか？　それはどんなタイプの方ですか？

ファッション、年齢、性別、話しかけても反応がない、笑顔がない、イヤホンをしたままなど、お声がけが難しいと感じることがありますよね。

私が入社した当時に苦手と感じていたのは、年上のお客様、子どものお客様、同年代の男性のお客様、ヤンチャ系のお客様でした。周りの販売員よりも苦手なタイプが多くて、遠くから「いらっしゃいませ」と声は出すけれど誰かがアプローチするのを待ち、近づかないこともよくありました……。

とくに品のあるマダム層とは、どんな会話をしていいかわからず戸惑いました。

プロの販売員として「こうあるべき」という意識が強すぎて、自分よりもずっと他ブランドの商品や、自社の古い商品についても詳しいマダムのお客様に対して、知識が追いつかないことに負い目を感じていたんだと思います。

全てに完璧に答えられないこと、わからないことがあることがとても怖くて、いつの間にか苦手意識を持つようになってしまったのです。

このような苦手意識を克服したきっかけが、2つあります。

教えてもらうマインドを持つ

当時の私は、先述したようにお客様や先輩と比べて経験も知識もなく自信がなかったので、その自信のなさが接客にも出ていました。

でも、**わからないことは素直に、「わからないので教えてください」という姿勢で接するようになったらとてもラクになったのです。**マダム層の方に「とても素敵なリングですね、どちらのものなんですか？」と伺うと楽しそうに教えてくださいました。

商品のことだけではなく、お客様がプライベートの話をされているときにも、「教えてください」マインドで会話をすることで、自分が経験したことのない景色を知ることができました。

一生懸命背伸びをするよりも、わからないことや知らないことは素直に伝えて、「教えてください」と伝えることで、かわいがってもらえるようにもなりました。

これは、年上のお客様だけではなく、自分とはタイプの違うファッションの方にも同じです。「面白いデザインのパンツですね、どちらのものなんですか?」とお客様に興味を持って接してみると、快くお答えくださり話が盛り上がることが自然と増えるはずです。

□□ プライベートでさまざまな経験をする

また、苦手意識は他にもありました。もともと子どもと接することが得意ではなく、子連れのお客様にうまく対応ができませんでした。

しかし、自分が妊娠、出産、子育てを経験したことで、これまで会話が広がらなかったお客様ともたくさん会話ができるようになったのです。**プライベートでの経験は、お客様とのコミュニケーションにも大きな影響を与えてくれると実感しています。**

子連れのお客様はもちろん、妊婦の方や、お姑さん世代の方とのコミュニケーションは、いまではむしろ得意に変わりました。

これは自分の話も惜しみなくする「SHARE」マインドがなければ、得意にはならなかったことです。

私にとってプライベートでの結婚や出産が会話の引き出しを増やしたように、これは誰でも引き出しを増やせるということでもあります。

例えば、あなたが休暇に友達とハワイに行ったり、ジムに通い始めたり、趣味でアクセサリーを作ったり、休日に友人と釣りに行ったり……、私には体験できないようなことも、あなただからできた経験の引き出しがたくさんあるはずです。

そして、その引き出しはこれからも増え続けていくものですよね。

長きに渡ってお付き合いくださるお客様とは、すすめていただいた場所に実際に足を運んだことを報告してまた盛り上がったり、また別のお客様にも引き出しとしてお話しして関係を深めたり、という循環ができていました。

よく芸人さんがプライベートもネタにしている姿を見ますが、私の感覚はそれにとても近いかもしれません。プライベートでの面白い出来事も、お客様にどんどんお話しして笑顔になっていただく。

この意識を持つようになってから、苦手だと感じていたお客様との時間も楽しく幸せなものに変わりました。

POINT

完璧主義をやめてみると、意外と世界は優しい

STEP 2

商品以外の会話から“バックグラウンド”を知る

GET TO KNOW

いかに「商品の話」から離れるかがカギ

ＳＴＥＰ１「WELCOME」で、来店されたお客様にリラックスしてもらう方法をお伝えしました。さて、ＳＴＥＰ２「GET TO KNOW」では、お客様のライフスタイルやバックグラウンドを知り、真のニーズを聞き出します。**その後、的確な商品提案をするために、なくてはならないステップです。**

また、ヒアリングするだけではなく、ここでお客様と会話を楽しみながら関係構築をしっかりすることで、商品提案の前に「この人がすすめてくれるなら買いたい」という気持ちにすらさせることができます。

「WELCOME」で心のガードを外すことができたお客様を、ここでさらにファンへと変貌させることができるかもしれないのが、このステップなのです。

普段、あなたはお客様が求めているものを知るために、どんな会話をしていますか？　商品を販売するために、商品の話しかしない人が多いのではないでしょうか。

販売員「今日はどのようなものをお探しですか？」
お客様「バッグを見にきました」
販売員「かしこまりました。どのようなバッグですか？」
お客様「斜め掛けのポシェットを」
販売員「なるほど。小さめですか？　大きめですか？　色はどのようなものがお好みですか？」

お客様がお探しの商品を特定しようと、商品に関する質問をしてお客様に回答していただく。このような方法は、お客様がご覧になりたい商品を特定して購入を決めてもらうまでの近道になるかもしれません。

しかし、「またあなたに会いたい」と、「あなた」という印象が残る接客ではありませんよね。

私がやってきた接客は一見すると、購入には遠回りに感じてしまう接客かもしれません。**なぜなら、商品の話からはできるだけ離れるように意識していたからです。**

ただし、「商品以外の話」をたくさんしてお客様のライフスタイルやお好みなど、パーソナルな会話をした上でご提案するものなので、商品の決定率や追加販売、そして何よりリピート顧客に繋がっていく接客なのです。

次の項目から具体的な方法についてお伝えしますので、楽しみにしていてください。

POINT

まず、「商品の話をしない」と決めてみる

「二八の法則」なんて無視していい

「お客様のことを知るためにたくさん質問をしましょう」

社内研修や多くの教材でよく聞く言葉です。私もそのように意識していました。

お客様から多くの情報を聞き出し、そこから商品を提案するためです。

けれど、私が他の販売員と違ったのは、質問と同じくらい私自身の話をしていたことです。

よく優秀なサラリーマンが「二八の法則」と言いますが、これは八割はお客様に話していただき、お客様の情報を聞くために二割はこちらが話すということです。

しかし、私の場合は「五五」、もしくはもっと話していたかもしれません。

私はお客様のことを知りたいからこそ、お客様に自分の話もたくさんします。

そうすることで、お客様が「わかるわかる、私もね……」とご自身のことを話してくださるからです。お客様に心を開いていただくためには、まず自分が心を開いて話すことが必要だと思っています。

例えば、商品の話から離れるファーストアプローチで紹介した「3つのきっかけ」のあとに、

販売員「今日はどちらからいらしたんですか？」

お客様「千葉です」

販売員「千葉からなんですね！　**私も**実家が千葉なんです。どのあたりですか？」

お客様「幕張のほうなんです」

販売員「そうなんですね。じゃあ、ディズニーランドが近いですね。よく行かれます？」

販売員「今日はお休みですか？」

お客様「そうなんです」

販売員「平日はゆっくりお買い物ができていいですよね。**私も**ほとんど平日休みなので、たまに家族と土日にでかけたりすると、人の多さになんだか目が回ってしまったりします（笑）」

販売員「今日はご主人とお買い物なんですね。**私の夫は**ショッピングがあまり好きじゃないので、私は基本ショッピングは一人なんです。外で待たせてると思うと落ち着かないですしね（笑）。一緒にショッピングなんて素敵です♡」

販売員「素敵なワンピースですね。普段からワンピースはお召しになるんですか？」

お客様「そうですね。パンツもたまには着ますけど、楽ちんなのでついついワンピースを選んじゃいますね」

販売員「たしかに楽ちんですよね。でもすごく素敵です♡　**私は**パンツしかはかないのでワンピースがお似合いになるって本当に素敵だなって思います。ちなみにいつもどちらで買われるんですか？」

こんなふうに、「私も◯◯ですよ」「私は◯◯ですよ」と伝えます。ヒアリングの際に、お客様を質問攻めにしてしまいがちな人に、是非試してもらいたい方法です。

ただ気をつけなくてはならないのは、あくまでお客様のことを知るための会話であるということです。よく私は「ネタ泥棒」なんて表現しますが、自分の話ばかりにならないように、「私は◯◯なんです、お客様はいかがですか」と伝えます。

そして、ここで大事なマインドが、PROLOGUEで紹介した「SHARE」。お客様との共通点を見つけて、共感して盛り上がるということです。共通点と言うとハードルが高く感じるかもしれませんが、先ほど挙げたような些細なことでいいんです。

STEP2「GET TO KNOW」の早い段階で、お客様との距離を縮めることができれば、その後の商品提案は驚くほどスムーズになるのです。

POINT

「私も◯◯なんです」「私は◯◯です」で一気に距離が縮まる

パーソナルな部分を見せていますか？

前項では「自分の話もたくさん『SHARE』しながら、お客様と共通点を見つけて会話をしましょう」とお伝えしました。

もしかすると「すでに共通点を見つけて会話をしています」という人の中には、

「そのバッグ、私も持っているんですけど、すごく使いやすいですよ」

「そのスニーカー、私も持っていてとても履きやすいですよ」

と、商品を軸とした会話を想像された人がいるかもしれません。

これも1つの共通点なので、決して間違っているわけではありません。

ただ、私があなたにやってほしい「SHARE」は、商品軸の話ではなく、できるだけあなたとお客様のパーソナルな部分での共通点を探してほしいのです。

私がこれまで「この人にまた会いたいな、またこの人に対応してほしいな」と思えた接客業の人、皆さんに共通していたのが、その人のパーソナルな部分（人柄）が見えるということでした。

これはショッピングに限ったことではなく、飲食店やクリニックでも同じです。

私が普段通っている歯科クリニックの助手の女性は、まさにその人らしさを感じられる対応なんです。

最近、歯列矯正とホワイトニングをするために新しいクリニックに通うようになったのですが、歯列矯正は昔やったことがあったけれど緊張しましたし、ホワイトニングは人生初だったので、沁みるのかなとドキドキでした。個人差はあるようですが、私はとても沁みて痛かったです……。

その歯科助手の方は、あまり多くを話す方ではありませんが、「私もすごく沁みたことがあって」と共感しながら自身のことを話してくれて、なんだかそれだけでもとても気持ちがラクになりました。

歯列矯正の種類でも迷いましたが、彼女が私の話をよく聞いてくれた上で、自身の体験談も話してくれたので、納得して決断することができました。

彼女は、歯科助手という「プロとして」の意見だけではなく、自分が「患者として」体験した話も自然に話してくれたので、同じ立場の人の話を聞いているようでとても参考になりましたし、信頼することができたのだと思います。

半年以上通っていく中で、すっかり彼女を信頼して、相談しながら矯正もホワイトニングも終えることができました。

プロの販売員として知識も豊富で素晴らしい接客ができる人はいるかもしれませんが、こんなふうに寄り添い、同じ目線で相談に乗ってくれて、自分の言葉で話してくれる人は多くはありません。

だからこそ、そのような人に出会えたとき、それが飲食店やクリニック、どんな場所であっても感動するし、「またこよう」と思えるのだと思います。

知識の豊富さに感動することももちろんありますが、あなたには本書を通して「この人は私のために考えてくれている」「私のことをよくわかってくれている」とお客様が感じられる販売員になっていただきたいと思っています。

POINT

「消費者目線」で共感できる販売員は、強い

「マインドマップ」で自分を棚卸しする

さて、いまお伝えしている「GET TO KNOW」で役に立つのがこのマインドマップです。私の講義では、お客様と「SHARE」する前に、マインドマップで自分自身のことを改めてよく知っていただくことから始めます。

真っ白な用紙の中央に「私」と書いて、そこからとにかく自分の中にある情報をどんなに小さなことでもいいので書き出して可視化します。

「家族構成」「住んでいる場所」「誕生日」「好きな食べ物」「休日の過ごし方」など線で繋げながら、分岐させるように放射線状に書いていきましょう。

普段から感覚的にできているかもしれませんが、改めて書き出してみると新たな引き出しが見つかるかもしれません。

まずは、左ページの私が書いたマインドマップを見てください。
「趣味」の先に「旅行」があり、その中に「大阪」がありますよね。
それを使うと、お客様とこんな会話ができます。

販売員「大きい荷物ですね。ご旅行ですか？　どちらからいらしたのですか？」
お客様「大阪からです」
販売員「そうなんですね！　大阪からですか。私も先週大阪に行ってきたところなんです。大阪大好きで」

また、「家族」というところに「夫・長男・長女」とありますよね。

お客様「子どもの卒業式に持つバックを探していて……」
販売員「そうなんですね。小学校ですか？」
お客様「いえ、高校です」
販売員「そんな大きなお子様がいらっしゃるようには見えませんでした。びっくりで

土井美和のマインドマップ

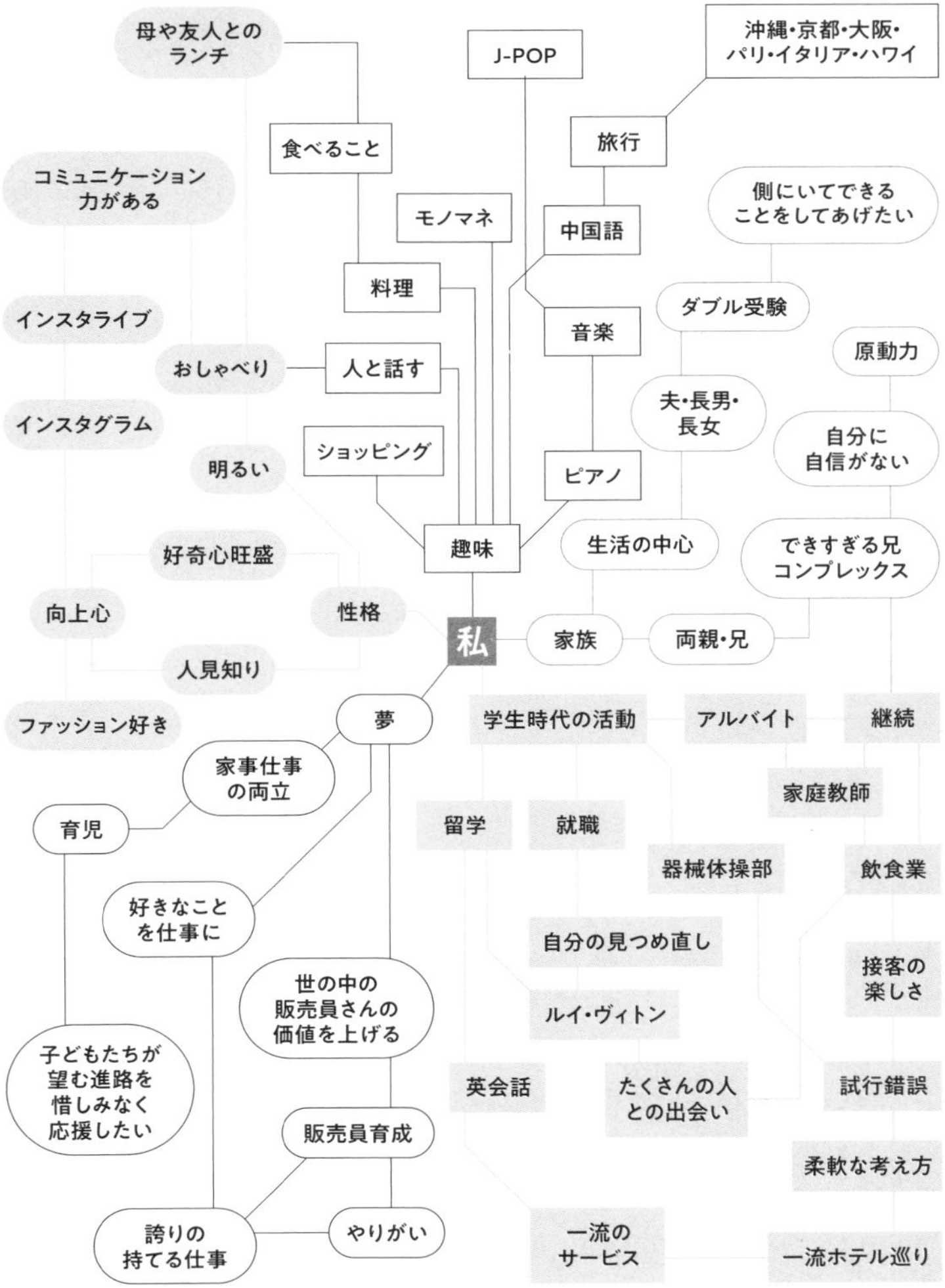

す。私も今年卒業する子が二人いて、バッグをどうしようかなぁと考えていたところです（笑）。卒業だなんて、なんだか感慨深いですよねぇ」

なんて、子育てトークで盛り上がってみたり。

販売員「今日は母娘でお出かけなんですか？」
お客様「そうなんです、近くにランチしにきて」
販売員「いいですね。私もときどき休日に母とランチしたりするの好きです。女同士はショッピングも楽しいですよね」
お客様「そうなの。娘は東京に住んでいるから、ときどきこうして待ち合わせてるの」

というように会話は膨らんでいきます。

このように、お客様との会話の中でどんなきっかけからも共感ポイント、共通点を見つけて盛り上がることができれば一気に距離を縮めることができるのです。

マインドマップは、あなたが今日書くのと、来月、来年書くのではもちろん変わっていきます。

なぜならあなたが日々プライベートで新しい人と出会ったり、新しい場所に行ったり新しい体験をすることでマップの中の枝は広がり、たくさんの実をつけていくからです。

繰り返しお伝えしているように、リピート顧客がなかなかできないという販売員の多くは、自分の話をほとんどしません。

多くの人は、お客様の情報をたくさん聞き出すために、いつの間にかインタビュアーのように、お客様を質問攻めにしています。

そしてそれも商品提案のための質問がほとんどで、会話が続かなくなってしまったりするのです。

商品提案のためには効率的かもしれませんし、その場でご購入くださるかもしれませんが、リピート顧客作りの観点で言うと、「またあなたに会いたい」とはならないはずです。

自分のことを一切話さない販売員をあなたは覚えていられますか？

ぜひ、マインドマップを作って、自分の中にどんなエピソードがあるか見つめ直してみてください。

POINT

これで、お客様との〝共感ポイント〟を察知できる

雑談の中にこそヒントが潜んでいる

前項までのことを実践した受講生から、「お客様とただ楽しくおしゃべりしただけになってしまいます」というお声をいただくことがよくあります。

おしゃべりに夢中になってしまって、購入に至らないこともあるので、お店が混雑してくると罪悪感も感じたりするそうなんです。

しかし、それが難しいと感じている販売員が多い中で、お客様と商品以外の会話で盛り上がれるのは本当に素晴らしいことです。先ほどからお伝えしている「SHARE」が、無意識にできるようになったということですね。

目の前の売上や、その場限りの数字を求めるだけの接客では、未来に繋がるお客様を作っていくことは決してできないので、お客様との雑談を大切にしてもらいたいという想いは変わりません。

だからこそ、ここからもう1つ意識してほしいことは、**お客様との会話の中に出てくる言葉と、あなたが扱う商品とを結びつけるアンテナを常に張ることです。**

なぜならこの雑談と思える会話の中に、お客様はたくさんのヒントをくださっているからです。

販売員「もうすぐ年末なんて、早いですよね。年末年始はいつもどのようにお過ごしなんですか？」

お客様「うちはいつも、家族で箱根のホテルで過ごすんです」

販売員「わぁ、素敵ですね！　私も箱根大好きです。旅行って準備も楽しいですよね。行きはこれを着て、2日目はあれを着て……みたいに。元旦はちょっと綺麗なワンピースを着ようかなあ、とか」

お客様「あ、わかります。誰に見せたいっていうよりも、元旦は自分の気分的にちょっときちんとしようってなります（笑）」

販売員「あ、やっぱりお客様もそうですか♡　嬉しいです。実は、先日発売になったばかりのワンピースが、私は旅行とかにもいいなって見てたんです。素材もシワになりにくくて軽いのに、着るとちょっとキレイに見えるんですよ」

お客様「ほんとだ、着やすそう……」

販売員「ですよね！　旅行のときって、着やすさも大事じゃないですか。これ、本当にサラッと着れるので、ぜひせっかくなので着てみてください。あと、宿泊はホテルっておっしゃっていましたよね。ホテルって意外と館内が寒かったりしませんか。こういう薄手のストールを一枚持っているとカーディガン代わりに羽織ったりできるし、便利ですよね」

なんて、先ほど話していた旅行の話の「宿泊はホテルに滞在する」という言葉から、商品提案のヒントがあったりします。

お客様は販売員と雑談をしているつもりで話しているはずです。

ただし、販売員であるあなたは、常にお店の商品を頭の片隅に置きながら会話をしていくのです。

お客様との雑談の中に、商品の提案になるようなヒントがたくさんあるので、それを聞き逃さないでほしいのです。

詳しい商品提案の方法は、ＳＴＥＰ３「PRESENTATION」でお話しします。ここまでの話で、ＳＴＥＰ２「GET TO KNOW」は、たくさんの「SHARE」からできていることがおわかりいただけたと思います。

POINT

頭の中に、商品ラインナップを常備しておく

「真のニーズ」を知るための2つのクエスチョン

さて、STEP2「GET TO KNOW」の目的は何か覚えていますか？

お客様のライフスタイルやバックグラウンドを知るということでしたね。

そのためにも、商品軸から離れた会話をすることがどれだけ大切かをここまでお伝えしてきました。いよいよ、ここでお客様の「真のニーズ」を知るための2つの質問をご紹介したいと思います。

□□「5W1H」で情報収集する

まず、あなたに意識していただきたいのが「5W1H」です。

中学生の英語で習った「5W1H」を思い出していただきたいのです。

□ＷＨＹ（なぜ）：「なぜ今日ご来店されたのですか？」「なぜ買い換えたいと思ったのですか？」
□ＷＨＡＴ（何）：「何をご覧になりたいですか？」「何をお探しですか？」
□ＷＨＯ（だれ）：「だれが使うものですか？」「だれに差し上げますか？」
□ＷＨＥＲＥ（どこ）：「どこに持っていきますか？」「どこで使いたいですか？」
□ＷＨＥＮ（いつ）：「いつ使われますか？」「いつ着ますか？」
□ＨＯＷ（どのように）：「どのように使われますか？」「どのように着たいですか？」

よく講座では、病院の診療の話に例えてお伝えするのですが、病院に行ったときにお医者さんから、「なぜ今日病院にきたのですか？」「どのような症状ですか？」「どこが痛むのですか？」「いつからそのような症状になったのですか？」など、たくさんのことを聞かれるはずです。

いきなり、「これ新薬なので試してみてください」「これ人気のお薬なので飲んでみてください」「これはとても評判がいい薬なので試してみてください」、そんなふうに、症状がわからないまま薬を処方されるなんてことはないですよね。

「真のニーズ」を知るための2つのクエスチョン

「5W1H」で質問をする

→お客様がどうしてほしいのか理由がわかる

ワンピース

「なぜ興味を持ってくださったのですか?」

「何がきっかけで知ってくださったのですか?」

「だれが着るんですか?」

「どこに行くときに着たいですか?」

「いつ頃使う予定ですか?」

「どのように着こなしたいですか?」

「普段から○○なんですか?」と質問をする

→お客様の商品を選ぶときの基準がわかる

「普段からワンピースを着られるんですか?」

「普段からフレアな形のワンピースが多いんですか?」

「普段から明るいお色が多いんですか?」

患者さんの情報をしっかりとヒアリングできたからこそ、それに見合った薬をはじめて処方できるわけです。

私たち販売員も全く同じです。お客様の情報をしっかりと収集できたからこそ的確な提案ができるわけです。

「こちら新作なんですよ」「こちらは人気商品なんですよ」と安易におすすめする人も多いように感じますが、お客様は必ずしも新作や人気商品を求めているわけではありません。

実は新作ではなく昔からあるもので、これから先もずっと流行り廃りなく愛用できるものをお探しの方かもしれないですし、人気商品のように多くの方が持っているものではなく、あまり人が持っていないようなレアな商品を好まれる方かもしれません。

販売員「**なぜ**この商品に興味を持ってくださったのですか？」

お客様「大好きなモデルさんがインスタで着ていて、かわいくて」

販売員「なるほど、インスタでご覧になってたんですね！　わかります。私もインスタを見ているとほしいものが増えていきます（笑）」

お客様「そうなんですよね（笑）」

販売員「すごくかわいいですよね。ちなみに具体的に**どこに**着て行きたいとか、**いつ**着たいみたいなイメージってあったりしたんですか？」

お客様「友人の結婚式が来月あって、そこで着られたらなぁと思っていたんです。ちょっとカジュアルなパーティーなので、着られそうかなって」

販売員「なるほど、たしかにフォーマルすぎないパーティーでしたら、よさそうですね。素敵だから目を引きそうです。このワンピースだったら、パーティーのあとは普段使いもできるので、長くご愛用いただけそうですよね！」

お客様が本当は何を望んでいるかという「真のニーズ」を知るためには、このように「5W1H」を意識してヒアリングをしていく必要があります。

そしてただただ質問攻めにするのではなく、反復をしながら

「なるほど、〇〇なのですね。**私も**〇〇なんです」

「そうなんですね。**私は**○○なので興味深いです」

というように、「SHARE」をしながら情報を収集していきます。

「お客様を知りましょう」「たくさん質問しましょう」と言われてきて、つい質問ばかりしてお客様の逃げ場がなくなってしまうことはよくあります。

そうではなく、このように、「私も○○なんです」「私は○○なんです」と自分の話もしながら、ヒアリング中もお客様が話しやすい空気を作ることがとても重要です。

□「普段から○○なんですか?」でバックグラウンドを知る

また、「普段から○○なんですか?」というヒアリングもとても大切です。

□ 普段もスニーカーが多いんですか?

□ 普段からお荷物は少ないほうなんですか?

□ 普段からこのエリアでお買い物されることが多いんですか?

- □ 普段から今日みたいにお嬢様とお買い物されることが多いんですか?
- □ 普段からパンツスタイルが多いんですか?

このような質問をすることで、**お客様が普段どのようなスタイルなのか、何を大切にしている方なのかということが見えてきます。**

「そうそう、普段は今日みたいにスニーカーを履くことが多いけど、仕事のときはヒールも履いたりしますよ」

「基本はそうだけど、たまに友達と銀座とか表参道に行ったりもします」

「そうなの。娘は結婚して別に住んでいるから、ときどきこうして待ち合わせてランチしてお買い物に行くのが楽しくて」

「そんなこともないんです。今日はたまたまパンツですけど、割と普段はスカートのほうが多いかも」

そんなお答えの中から、

「今日はスニーカーをご覧いただいていましたが、先ほどパンプスを履くこともあるとおっしゃっていたので、今季の一番おすすめのパンプスをお持ちしてみました。せっかくなのでぜひ一緒に試してみてください」

という商品提案に繋げることもできます。「GET TO KNOW」で「真のニーズ」を聞き出すことなくして的を得た提案ができるはずはありません。

一見遠回りに思えるような「普段から○○なんですか？」という質問こそ、お客様のお好みやライフスタイルを把握するために欠かせないのです。

POINT

必ず抑えるべきは「なぜほしいのか」「普段はどうなのか」

「TではなくAND」で接客する効用

私が接客で意識していたことの1つに、「正面ではなく斜めの位置に立つ」というものがあります。

どうしてもラグジュアリーブランドにはショーケースがあり、それを挟んで正面に向き合って接客をするスタイルになりがちですが、**私はあえてショーケースのコーナー部分などに出て、斜め横の位置に立つようにしていました。**

またソファーにおかけいただく際なども、できるだけ斜め前に座るように心がけていました。

この位置を意識することで、販売員からお客様に商品を見せる、何か情報を伝えるといった「TO」の関係ではなく、一緒に商品を見る、隣で同じ時間を共有するといった「AND」の関係を作れていると感じていました。

ここまでお話しした通り「SHARE」をするということは、「お客様と私」という共通点を以て「AND」になったというイメージです。

これは接客をするときの立ち位置や座る位置にも関係します。

実際に心理学では有名な「スティンザー効果」というものがありますが、平たく言うと「正面は敵対の位置」「隣や斜め隣は友好の位置」と、心理効果を示したものです。

このような意識で、お客様と同じ目線で話したり、商品を一緒に見る感覚で友人や家族にアドバイスするように商品紹介をしたりしていました。

店内をご案内する際もお客様の後をついていくとか、ついてきてもらうというより、「一緒に見る」「一緒に歩く」ということを意識して横にいるように心がけていました。

あなたも「AND」という意識を持つことを、ぜひ試してみてください。

POINT

「話すとき」「見るとき」「歩くとき」の定位置は斜め横

お客様は、神様でも友達でもない

ルイ・ヴィトンに入社して15年半が経った頃、はじめて表参道店への異動がありました。それまで一度も異動することなく、百貨店の店舗（新宿高島屋店）に長く勤めていた私にとって、日本最大級の旗艦店である表参道店への異動はとても嬉しい出来事でした。

これまでとは違う店舗の接客に触れることが刺激的で、全国でもトップクラスの顧客保有数の店舗で働くスタッフは、それぞれの個性を発揮してお客様に愛されるような接客をしていると感じました。

その中でも何人かのベテランスタッフが、時折さらりとタメ口を交えてお客様と会話をしていて驚いたのを覚えています。

そこに全く違和感がなかったのです。
むしろ、お客様もとてもリラックスしていて、お二人の間にとても楽しそうな空気感があることに感動しました。

彼ら彼女らには、ラグジュアリーブランドとしての「あるべき接客」「丁寧な接客」という基礎の基礎がしっかり身についていたので、決して下品なものにはならないのだと感じました。

大切なのはパッと見て表面的な部分を真似るだけではなく、「なぜそうしているのか？」という本質の部分を真似すること。

普通に聞いたら、「販売員がお客様にタメ口なんて……」と思うかもしれませんが、お客様との空気感の中で失礼のないように、そして心からの愛情をもって接することができる販売員の場合、心地良さすら感じることができるのです。

私がフランクな話し方をしていたのは、どんな場面かというと、気の知れた長いお付き合いのお客様や、少し緊張してご入店されているようなお客様に対してでした。

ただただ丁寧な話し方が正解とは思いません。なぜなら人の温かみを感じない冷たい印象を与えてしまい、逆に距離が縮まらないこともあるからです。

お客様が緊張してしまっているときには、あえてカジュアルな言葉遣いをすることで、うまくバランスをとって和ませることをしてきました。

「実は今日、お店に入るまですごく緊張していたんですよ。お姉さんみたいな話しやすい店員さんがいて、ほんとよかったです。なんかブランドのイメージが変わりました（笑）」

なんてお客様が言ってくださることは日常でした。

ただ一方で、お客様側があまりにも友達のように踏み込んできてしまう場合もありますよね。同性異性問わず、プライベートでのお付き合いを求められて悩んだ経験がある人もいると思います。

そのようなお客様には、丁寧できちんとした姿勢であえて対応することもあります。

「私はお友達ではありません」とお伝えするように、このバランスをとても大事にしていました。

「顧客以上友達未満」という考え方を講座でもお伝えしていますが、あくまでも、お客様とは金銭授受が発生する関係であり、この線を保たないと商品提案することに対して気持ちにブロックがかかってしまうことに繋がります。

そのため、「販売員とお客様」という分厚い壁があるお客様にはその壁を壊そうと私自身をオープンにして距離を縮めますし、垣根を飛び越えてくるようなお客様にはあえて丁寧な口調で、その距離を保つ工夫が必要なのです。

POINT

販売員が主導権をしっかり握ろう

STEP 3

あなただからできる“商品提案”で未来を見せる

PRESENTATION

あなたじゃないと選べない「三種の神器」

ＳＴＥＰ２「GET TO KNOW」で、お客様のバックグラウンドやニーズを聞き出すことができたら、ここからは商品提案をするステップになります。

このＳＴＥＰ３「PRESENTATION」では、私はお客様にお持ちする「三種の神器」とも言うべき次の３つを常に意識していました。

- □ ①　お客様が見たいもの
- □ ②　①に関連するもの
- □ ③　あなたからのサプライズ

商品提案でお持ちする「三種の神器」

お客様

「仕事で使うための“黒色”で
“パソコンが入るサイズ”のバッグがほしいです」

❶ お客様が見たいもの

“黒色”で“パソコンが入るサイズ”の
ベーシックなトートバック

❷ ❶に関連するもの

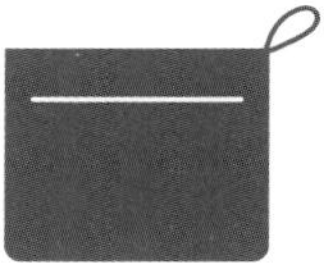

「カフェでも仕事をする」「普段はカジュアルな服装」と
ヒアリングした上で、あなたがおすすめしたいと思った
“黒色”で“パソコンが入るサイズ”の2wayバッグ

❸ あなたからのサプライズ

「人と同じものは好きじゃない」と知ることができた
からこそおすすめしたい、エキゾチックレザーの
珍しいバッグ

これは必ずしも「商品を3点お持ちする」ということにこだわるのではなく、三種の神器に基づいてご紹介するということです。

①お客様が見たいもの

1つ目はお客様が見たいとおっしゃったもの、試したいとおっしゃったものです。まず、お客様はその商品のどこが気に入って見たいとおっしゃったのかをきちんと知る必要があります。

そうでないと、2つ目の商品が、あなたの主観で関連していると感じても、お客様にとっては全く興味のないものになってしまうからです。

例えば、このバッグの「軽いところ」が気に入っているのか、「黒という色」が気に入っているのか、雨の日にも持てるという「撥水素材であること」が気に入っているのか、「肩にかけられる」という部分が気に入っているのか……。

なぜこの商品を見たいと思ったのか。「GET TO KNOW」の繰り返しになりますが、まず第一に、ここをしっかりと把握する必要があります。

販売員「こちらのバッグですね。**以前どちらかでご覧になったのですか？**【以前にも〇〇したことはありますか？】」

お客様「この間、インスタで素敵な方が持っていて、気になってホームページで見てみたんです。ちょうど仕事で使う黒のバッグを探していたので、サイズを見たらパソコンも入りそうだなと思って」

販売員「そうですね。こちらはパソコンが入ります。**普段お仕事でよくパソコンを持ち歩くんですか？**【普段から〇〇なんですか？】」

お客様「そうなんです。週の何日かはリモート勤務の日があって、パソコンを持ってカフェとかで仕事するんです」

販売員「わー！　なんかおしゃれですね！　素敵。**そういうときでも黒のバッグがいいんですか？**【5W1H】」

お客様「そうなんです。いままであれこれ買ってみたんですけど、なんだかんだ黒が合わせやすくて、黒かなって思っているんですよね」

と、このあたりまで話せていると、なぜこの商品を見たいと思ったかというお客様の「商品を選ぶ上でのポイント」がわかると思います。

② ①に関連するもの

その上で、２つ目の商品は、①に関連するものです。

例えば、①のデザイン違い、素材違い、色違い、サイズ違いなどです。

このお客様のポイントは「パソコンが入るサイズ」と「色は黒」でした。

そこで、お客様が見たいとおっしゃった商品が「トートバッグ」だとしたら、手持ちにショルダーストラップが付いているような「２ＷＡＹタイプのバッグ」や、同じ黒でも素材違いのものや、同じシリーズのお財布やポーチなどをお持ちしてみます。


ここで大事なのは「なぜ持ってきたか」を説明することです。

「ご覧になりたいとおっしゃっていたバッグとちょっと形は違いますが、こちらもパソコンが入るサイズなので、ぜひご一緒にご覧いただけたらとお持ちしました。こちらは斜めがけもできますし、今日のようなスニーカーのカジュアルスタイルにも合います。ビジネスのカッチリとしたスタイルのときには手持ちでもカッコよく持てるので、お客様のスタイルに似合いそう！　だと思うんです。このシリーズはポーチもあって、パソコンの充電コードとかをまとめて入れてもいいかなと思って、念のためご一緒にお持ちしてみました（笑）」

と、こんな感じです。

「お姉さん、商売上手だなぁ（笑）」なんて言われることもありますが、「念のため、です（笑）」と笑っていました。

□□③ あなたからのサプライズ

そして三種の神器、３つ目はあなたからのサプライズです。

ここはPROLOGUEでお伝えしたマインド「DARE」に通ずるところでもあり

ます。
ここまでのステップでお客様のライフスタイルやお好みなどを知ることができ、また「SHARE」によってあなたとの関係も深まってきました。
ここで、あなただからご紹介できるものを一緒にお持ちしましょう。

「今日はじめてお会いしましたが、いろいろお話しをさせていただいて、どうしてもお客様にご紹介したいなと思ってお持ちしました」

と、こんなふうに紹介してもらえるのはとても嬉しいものです。

もし、「こんなものをお持ちしたら嫌がられるかな？」と感じるのであれば、それはお客様とまだ十分にコミュニケーションがとれていないからかもしれません。自信を持っておすすめができるように、さらに「GET TO KNOW」する必要があります。
たくさんの会話をしてお客様のことを知ったからこそ、**「あなただからこれを紹介したい」という理由づけがしっかりできるのであれば、ご紹介するべき**です。

私の場合は、高額品もこの3つ目の商品としてよくお持ちしていました。例えば、クロコダイルやパイソンなどを使った「エキゾチックレザー」と呼ばれるような商品もそうです。数百万円する高額品で、だれもが好むデザインではないですし、だれもが買える金額でもありません。

「あんまり人が持っているものはお好きではないとおっしゃっていたので、ちょっと店頭には出していない貴重なものをお持ちしてみました。『何持ってきた？』って思いますよね（笑）。普段なかなか入荷しない商品なんですよ。せっかくなので、ぜひお持ちになってみてください」

こんなふうに、恐れず臆せずご紹介したことで、「さすがだねぇ」と目をキラキラさせて気に入っていただけることがあります。

商品自体を気に入っていただけることはもちろん、「この人は自分のことをよくわかってくれている」「自分のために一生懸命提案してくれる」と、あなたという人を気に入ってくださるはずです。

「今日出会ってたくさんお話しができて、お客様のことをよく知ったからこそお持ちしました」というように、「私だから」お持ちできる三種の神器を意識してご紹介しましょう。

POINT

「三種の神器」でお客様の想像を超えていけ

「せっかくなので、ぜひ」でチャンスを逃さない

商品をご覧になっているお客様には、「よろしければおとりします」「よろしければご覧になりますか」ではなく、「ぜひご覧ください」と、商品をお持ちいただく、触れていただく、ということが大切です。

「今日は見るだけのつもりだから……」と、ご遠慮されるお客様も多いからこそ、**「せっかくお店にいらっしゃったのですから、ぜひ」という気持ちをお客様にお伝えすべきです。**

たとえ商品をご購入いただけなかったとしても、1つでも知らなかった情報や、楽しかったという気持ち、いつかあれを買いたいという夢や憧れ、そんな体験をお持ち帰りいただく、それこそが店舗に足を運ぶ意味だと思うからです。

私はお客様に「おとりしましょうか？」と確認せず、「ぜひ鏡の前で合わせてみてください」とこちらから商品を手元にお渡しします。

「見ているだけだから」とか「こんな高いもの買えないから」、「こういうのは似合わないから」なんておっしゃるお客様もいますが、この商品を「持ってみた」「触れてみた」という経験は、あなたが思っている以上にお客様の印象に強く残ります。

これは決して「無理強いする」ということではありません。せっかくお店に足を運んでくださったお客様に、「遠慮せず店舗だからこそできる体験をしてください」、と想いを伝えるということです。

私はときに、このような言葉にしてお伝えしていました。

「インターネットでもご覧いただける時代ですが、こうしてせっかくお店に足を運んでくださったのですから、ぜひ持つだけでも持ってみてください」

もちろんお客様との空気感や関係性を見ながらですが、ときには「試すのはタダなんだから」と、友達のように伝えることもあります。

安っぽくなってしまうのはよくないので、バランスは難しいところですが、緊張している方や、とっても遠慮される方などには、このように友人のように寄り添ってお伝えすることもあります。

すると「じゃあ、持つだけ持ってみようかな……」なんて嬉しそうに試していただけることも多いものです。

「ご試着いただくこと」「お持ちいただくこと」は、ハードルが高いと感じる人が多いですが、**ここを超えることができれば、お客様は「いつかこれを着た自分」「いつかこれを持った自分」という未来を想像することができます。**

私がはじめて店舗を異動したとき、前店舗で5年間担当してきたお客様も表参道店にいらしてくださるようになりました。私は15年働いてきてはじめて取り扱うルイ・ヴィトンの洋服を、このお客様にもご紹介したく、ご来店されるたびに「試着だけでもしてみてください」とお伝えしていました。

何度フラれ続けたかわかりません（笑）。そのお客様には、いままでルイ・ヴィトンの革製品はたくさんご購入いただいていましたが、洋服に関しては「Tシャツに6万も7万も出すなんて考えられない」と、ご試着すらしていただけなかったのです。

でも、ここは私が大事にしてきた「DARE」マインドですね。

お客様が好きそうなデザインの洋服が入荷されるたび、諦めずに「ちょっと着てみるだけでも」「せっかく表参道店にいらしてくださったんだから」と、あれこれ「せっかくだから、ぜひ」を続けました。

何ヵ月そんなことを続けたかわかりませんが、あるとき、用意していたデザインを気に入っていただけて、はじめてご試着され、洋服をご購入いただくことができました。

このお客様はそれ以来、すっかりルイ・ヴィトンの洋服のファンになってくださり、「土井さんのせいで」といつも笑いながら、「ルイ・ヴィトンの洋服を着ているとテンションが上がる、強くなれる感じ」と、嬉しそうにお話しくださいました。

試着をしていただくこと、持っていただくこと、「DARE」のマインドで臆せずに**「せっかくだから、着てみるだけでも」とおすすめすることで、販売員がその可能性を作ることができるということをあなたにお伝えしたいです。**

「土井さんのせいで、ルイ・ヴィトンの服にどっぷりハマっちゃったじゃん」

なんて、最高の褒め言葉ですよね。絶対買わないって言っていたからこそ、余計に。
あなたもそんなふうに、お客様があなたのブランドの商品を大好きになる理由になるかもしれません。

POINT

トップ販売員は、お客様に遠慮しない

販売員は未来を演出することだってできる

「体験」を提供するという考え方と通じるところだと思いますが、私は目の前にある商品を販売するということではなく、購入したあとの「未来」を提供する意識で接客をしてきました。

- このバッグをプレゼントしたときの彼女の笑顔
- このバッグで明日から通勤する仕事へのモチベーション
- このワンピースを着て出席するパーティでの高揚感
- このシューズを履いて出かけるデートへのトキメキ
- このバッグを持っていく旅行のワクワク感

こんなふうに、**単に目の前の商品を販売するだけではなく、それを手にしたあとの「未来」をお客様に想像してもらうということです。**

そのためには「SHARE」して、より多くお客様の情報を知る必要がありますよね。

例えば彼女から誕生日プレゼントを頼まれて、スマホ片手に写真を見せてくれる男性がいたとします。

お客様「これありますか？　今日あったらそれがほしいんですけど」
販売員「ありがとうございます。在庫をただいま確認いたしますね。どなたかへの贈り物ですか？」
お客様「そうなんですよ。誕生日プレゼントをねだられちゃって（笑）」
販売員「そうなんですね。でも羨ましいです。私はこんな素敵なバッグ、もらったことないですよ（笑）。お優しいですね！」
お客様「いやいや」
販売員「じゃあ、このバッグがもらえるのは、お相手の方はもうわかっているんですね。普段はあまりサプライズとかはしないですか？　何をもらえるかはわからない、みたいな」

お客様「あぁ、もう付き合いが長いのであんまりないですね。言われたのを買うのが間違いないので（笑）」

販売員「わかります。女性のバッグとかって難しいですすもんね（笑）。でも、女子はサプライズが本当に嬉しいんですよ。これがいいなって言ったものを買ってもらえるのはもちろん嬉しいんですけどね。

例えばこのお揃いのシリーズのカードケースとか、スカーフとか……。

『おめでとう！』って箱を開けて、『あぁこのバッグ買ってくれたんだね、ありがとう！』ってバッグを開けたら、中にもう1つ小さな箱が入っていて、『え？　これ何？』って開けたら、実はお揃いのカードケースが入っていたりしたらめちゃくちゃ嬉しくないですか？」

なんてお話しします。

これは、単純に私だったら嬉しい！　という話ですが（笑）、お客様が買いにこられたバッグをただ単に購入いただくだけではなく、**それをお渡しするときの彼女の驚い**

た顔や笑顔、お二人のお祝いの空気まで演出することも販売員にはできるのです。

これは、プレゼントしたあとの「未来」を提供したことになります。

もちろん、あくまでご提案なので断られるお客様もいます。

「今回は予算がないから、考えます」というように。そのときは、

「もちろんです。女性は同じシリーズで揃えたくなっていくものなので、またクリスマスや、お二人の記念日などにぜひ見にいらしてくださいね」

と次に繋がるような言葉をお伝えするのです。

その場で購入いただくことが全てではありません。

ここまで先々のことを想像して提案してくれた販売員のことを、このお客様はきっと覚えていてくださいます。

私は、このように提案した多くのお客様が実際にサプライズに成功して、

「自分じゃ思いつかなかった。彼女、すごく喜んでくれて。また次もお願いします」

とリピートに繋がったケースがたくさんあります。

もちろん、このおすすめがマニュアル化してはだめです。

一人ひとりのバックグラウンドをよく聞いて、そのストーリーに合わせたご提案をすることこそがお客様に響くのです。

例えば結婚記念日のギフトであれば、

「結婚記念日であれば、ローズのフレグランスを一緒に忍ばせてはいかがですか？ピンクのバラの花言葉が『感謝』なんです。

実は私も先日の母の日に、『毎年カーネーションもなぁ……』と思って、このローズのフレグランスを母にあげたんです。『〝感謝〟という意味があるんだよ』、と言って。たまにはこういう枯れない花束もいいですよね。香りの好みがどうこうというよりも、こういう想いで選んでくれたんだ、というその『気持ち』自体がギフトなんですよね」

というように、**お客様のバックグラウンドに合わせて自分の話も交えながらご紹介していきます。**

この2つの会話例からなんとなく、「SHARE」と「PRESENTATION」の仕方がイメージできたかと思います。

POINT

〝想定外の提案〟だからリピートしたくなる

将来のお客様を作る絶好のタイミング

あなたのブランドや店舗でも、「アディショナルセールス（追加販売）」や「クロスセル（他カテゴリー販売）」などという言葉を耳にしたことがあるかもしれません。

日々接客をしていると、ついつい今日、目の前の売上に意識がいってしまいますが、前項でお伝えしたように、**「お客様にこのような商品もあることを知っていただきたい」とご紹介して、将来に繋げていくことも大切なのです。**

私は「今日買っていただくことにあまり執着しすぎないこと」を大切にしていました。なぜなら、たとえいまでなくても「将来に繋がる」という確信を持てる接客を心がけていたからです。

追加購入＆再来店のきっかけを作る「アディショナルプレゼンテーション」

「三種の神器」に関連するもの

→お客様が商品を鏡の前で合わせたり、
試着しているタイミングでお持ちする

- □ バッグのハンドルに巻くとおしゃれなスカーフ
- □ バッグと合わせて履くと素敵な同系色のシューズ
- □ バッグの仕分けに役立つ同じシリーズのポーチ

「お客様の持ち物」に関連するもの

→「素敵な時計ですね! いつも時計はつけられるんですか?」という
話題が接客中に出ていたら、お会計を済ませる前にお持ちする

- □ 「さっき、少しお話しした時計、
ぜひ帰りがけにちらっとご覧になってください」
- □ 「先ほど、時計をよくつけるという
お話しがあったのでお持ちしてみました」
- □ 「お客様にどうしてもご紹介したい
お似合いになりそうな商品があるのですが、
ちょっとお持ちしてもいいですか?」

さらに細かいことですが、「アディショナルセールス」はあくまでも結果であり、どの接客でも「アディショナルプレゼンテーション」を必ずします。

「今日のため」もしくは、「将来のため」に必ずなるからです。

ご紹介することで、お客様が知らなかった商品を知っていただくことができたり、知っていても「実際に手にとるのははじめて！」と喜んでいただけることもあります。

「アディショナルプレゼンテーション」をするタイミングや商品に決まりはありませんが、ここでは紹介しやすい２つのシチュエーションをご紹介します。

□□「三種の神器」と関連づける

先ほど「三種の神器」についてお伝えしましたが、「三種の神器」をお客様に持っていただいているタイミングで、その商品に関連するものを紹介するのが、一番自然な方法だと思います。

例えば、バッグのハンドルにスカーフをくるくると巻きながら、

販売員「こちらのバッグには、ハンドルにこのような細いスカーフを巻くと全く違う印象になりますよ。ご覧になったことはありますか？」

お客様「あー、それ知っています。最近、雑誌でよく見ますよね！」

販売員「そうなんです、このようにするとさらに素敵になりますよね！　同じバッグでも季節やお洋服のコーディネートに合わせて、スカーフを変えるだけで表情が変わってとても楽しめるんです。以前からお持ちのバッグにもこのようにするだけで生き返りますし、気分も変わってまた楽しんでいただけると思いますよ」

と、このようにご紹介することでバッグと一緒に購入いただけたり、眠っているバッグ用にともう一点スカーフを購入いただけたりするケースがよくありました。

会話例のように商品にコーディネートすることもありますが、もちろんお客様のお持ち物に直接コーディネートしてご提案することもあります。

また、鏡の前でバッグをお持ちいただいているときに、足元にさっとシューズを置いて、

販売員「秋冬に、このようなブーツと合わせいただくのもとても素敵ですよね」
お客様「こういうシンプルなブーツとかもあるんですね」
販売員「そうなんです。シンプルでとても綺麗なシルエットですよね。シューズはこれまでにご覧になったことはありましたか？」
お客様「バッグはよく見るんですけど、シューズははじめて見ました」
販売員「お客様のように、シューズはこれまで見たことがなかったという方が多いんです。デザインはもちろん美しいのですが、なんと言っても履き心地が本当にいいんです。ぜひせっかくなので履くだけ履いてみてください」

と、ご試着いただけたらプレゼンテーションは成功です。
お客様がまだサンダルのスタイルだったとしたら、秋冬にブーツを履いてコーディ

ネートしている将来の自分が想像できると思いますし、他のカテゴリーの商品を知っていただくきっかけにもなりますよね。

□□「お客様の持ち物」と関連づける

また、お客様の持ち物を褒めたことをきっかけにご紹介することもできます。

「お客様、素敵な時計ですね。どちらのものなんですか？」
「実は、当店にも時計の取り扱いがあるのをご存じでしたか？」

というように、ファーストアプローチや「GET TO KNOW」で話していたとしたら、

「さっき少しお話しした時計、これなんです」
「ぜひ帰りがけにチラッとご覧になってください」

と帰り際などにお伝えできますよね。

ご紹介する中で、「見たことあります」とか「それ持ってます」となれば、

「そうなんですね！　ありがとうございます。使い心地はいかがですか？　傷みなどが気になってきたらいつでも相談してくださいね。リペアの相談も、私にいつでもご連絡ください」

と、ここで名刺をお渡ししてもいいと思います。

もしも「そんな商品もあるんですね、はじめて見ました」となれば、

「発売以来ずっとお品切れしていて、昨日久しぶりに入荷したんです。せっかくなのでぜひ一緒にご覧になってみてください」

とご紹介してもいいと思います。

「かわいいけど……今日はちょっと考えます」となれば、

「ぜひぜひ！　やっぱりあれほしいな、と思ったらぜひ連絡してください。またご案内させてくださいね」

「ぜひ、次のお誕生日とかバレンタインとかにおねだりしてみるのもいいと思います。在庫も確認できるので、お気軽にご連絡くださいね」

と名刺を渡してもいいですよね。


こんなふうにアディショナルプレゼンテーションはその場で気に入って購入いただくためだけのものではなく、将来への関係作りができるチャンスなのです。


「この商品に似合うと思うからお持ちしてみました」

「先ほど○○というお話があったので、お持ちしてみました」

または、少しレベルが上がりますが、「三種の神器」の「③あなたからのサプライズ」のように、

「先ほどからお話ししていて、お客様にどうしてもご紹介したいお似合いになりそうなものがあるのですが、ちょっとお持ちしてもいいですか?」

とあえて期待を持っていただいてからお持ちすることもできます。

お客様に「この先もまたここにきたい」「このブランドの世界観が好き」、そして何より、「こんなふうにいろいろ紹介してくれるこの人いいな!」と思ってもらえたら最高ですよね。

惜しみなく多くの商品やサービスをご紹介して、ブランドとあなたを好きになってもらいましょう。

POINT

コツは、〝関連づけて〟ご紹介すること

何のための、商品知識ですか？

きっとあなたも、自分のブランドのこと、扱う商品のこと、素材やアフターケアのことなど、日頃から勉強していると思います。

私自身も、ルイ・ヴィトンに勤めながら多くの商品知識を得てきました。

シューズのエキスパート（各分野で高度の知識・技術を備え持つ、全国でも限られた販売員のみに与えられるタイトルのこと）になる前には、イタリアにあるシューズ製造のアトリエで製法など学ぶ機会をいただきました。実際に職人さんたちの姿を見たことで、お客様にお伝えできることが格段と増えました。

ただ私は、「商品知識をあますことなく伝えるべき」とは思いません。

なぜなら、商品知識を身につける理由は、「お客様が必要としている場面で、すぐに情報を提供する」ためだと思うからです。

エキスパートに認定されたシューズもフレグランスも、私は元々知識が豊富だったから、全国トップの販売実績を上げてきたわけではありません。

知識を身につけたいと思ったのは、単純にその分野を好きになって、もっとその世界を知りたくなったから。そして、お客様にもっと安心して楽しんでお買い物していただきたいと思ったからでした。

製法など知らなくても、シューズのフィッティングにおいてお客様にお伝えできることはたくさんあります。

例えば、午前中にご来店されたお客様には、ピッタリのサイズで合わせていただくよりも、少しゆとりを持って合わせていただいたほうがいいです。足は一般的に15時以降むくんでくると言われていて、午前中に余裕がない状態で合わせてしまうと、夕方以降に痛みが出てしまうこともあるからです。

しかし、「朝までお酒を飲んでいた」なんておっしゃる方の場合、朝にご来店されても足がむくんでいることもあるため、お客様とたくさんコミニュケーションをとって、いまの状態を伺いながらフィッティングをしましょう。

テキスタイルもそう。「シルクのスカーフは夏に巻くと首元が暑いと思われるかもしれませんが、シルクは蚕の繭から糸をつむいで作られる『天然素材』なので、UVカットの効果が高いんです。さらりと首元に巻くだけでも首元の日焼け避けになりますよ」など、決して知識をひけらかすわけではなく、お客様が迷っているときに、お伝えすることで背中を押すこともできます。

商品知識は「覚えたらお客様の前で披露しなくちゃ」と、まるでプレゼンのように語る人が多いですが、そうではありません。お客様に「購入後の未来」を想像してもらうために、たくさんの引き出しを持っておくべきだけのことです。

そんな一言がプロフェッショナルに感じられ、信頼に繋がるものだと思います。

POINT

商品知識は全てお伝えしなくていい

「お客様主体」だから、魅力が最大限伝わる

前項を心得ていただいた上で、お客様が商品をご覧になっているとき、その商品にはどんな魅力があるのか、お客様にとって買うべきメリットは何か、しっかりと伝える必要があります。

そこで、意識していただきたいのが次の3つの要素です。

□①ビジュアル（華やか、かわいい、かっこいい、きれい）

□②機能、素材、ストーリー（荷物がたくさん入る、軽い、着心地がいい、痩せて見える、商品に込められている想い）

□③未来を見せる（デートで彼氏に褒められる、旅行がより楽しくなる、寒さが苦手な冬が楽しみになる）

①では視覚でわかる商品のビジュアルをお客様と共有し、②では①だけではわからない商品の素材や特性、商品に込められたストーリーを伝え、③では商品を手にしたあとのお客様の未来を伝える。これらを無意識にできている人もいるかもしれませんが、ぜひ一度、お客様に商品のよさを語るときに意識してみてください。

また、さらに商品の魅力を伝えるために、私が実践していたことが2つあります。

他社の魅力をどれだけ語れる?

周りの友人はよく知っていますが、私は無類のお買い物好きで、自社商品だけでなく常に他のブランドも実際に手にとって触れています。だからこそ、**他社商品のいいところも知った上で、自社商品のよさを語ることができるのが強みでした。**

私のお客様は、他ブランドの写真を見せてくださり、「この○○のスニーカーにも合うかな?」「この間○○で買ったこのパンツにも合いますかね?」と、ファッションアドバイザーとしても頼りにしてくれていました。

それはただルイ・ヴィトンの商品にだけ詳しい販売員ではなく、ファッションのトレンドや他ブランドの商品についても、常に一消費者としてチェックしていたからだと思います。そして何より、お客様の明日からのファッションを一緒に想像して選ぶということを私自身がとても楽しんでいました。

単にブランドの販売員としてだけではなく、お客様のよき相談相手、専属のアドバイザーのようになれたら、それがあなたに会いにきてくれる理由にもなります。

「ロマンストーク」を縦横に使いこなす

もう１つ紹介したいのは、「ロマンストーク」と呼ばれる商品にストーリーを持たせる方法です。これは、冒頭でお伝えした、「意識したい３つの要素」の②に当たります。

例えばジュエリーであれば、

「お客様、12月生まれなんですね。誕生石はターコイズですよね。私たちもターコイズを使ったジュエリーをおとり扱いしているんです。先ほど海外へ旅行に行かれるとおっしゃっていましたが、そんなときもターコイズを身につけておくといいと言われているんです。ターコイズは旅のお守りという意味もあるんですよ」

このように、お客様の情報と商品のストーリーをリンクさせることで、商品との出会いが運命だと感じていただけたなら、素敵なことですよね。

また、ブランドにおいては、ブランド自体にも、商品においても、たくさんのストーリーがあるはずです。商品の名前や、どのようにしてその商品が生まれたのか、それを元にヒアリングしたお客様の情報とリンクさせておすすめするのです。

この「ロマンストーク」は恥ずかしがらず、自信を持ってやってほしいと思います。何度も語っていくうちに、自分なりの言い回しが身についていくので、必ずスラスラと言えるようになります。最初から完璧を求めずに、「DARE」の精神でまずは短いフレーズだけでも伝えてみましょう。

POINT

何より大切なのは、〝商品を使う未来〟をイメージしてもらうこと

街角でよく見かける「在庫がないときのＮＧ対応」

お客様がほしいと思っているものにぴったり合った商品がお店に置いていないとき、もしくは目的の商品が欠品や完売していたとき、どうしていますか？

大体の場合、目的の商品がないとわかったら、「当店ではおとり扱いのない商品です」「お品切れです」「その商品は前シーズンのものでもう入荷しません」と終わらせてしまうケースが多いと思います。お客様はその商品のイメージを強くお持ちなので、他の商品を提案しても購入してもらえる可能性は低いと思うかもしれません。

ただ、ここは「ありません」で終わらせることなく、最大限お客様にできることを探りたいところです。**ここまでヒアリングしてきた、「なぜ」その商品に惹かれたのか、「何」が好きだと思ったのか、ということにフォーカスすることです。**

本人も気づいていない「お客様にとっての商品の魅力」を一緒に探るのです。「新作だから」「青が好きだから」「とにかく軽いものを探していたから」「限定品が好きだから」……。お客様と一緒に「なんで惹かれたんだろう？」「どこが好きだったんだろう？」と整理していくことで、その後のあなたの提案がいいと思っていただけることは十分あります。

例えば、「限定品が好きだから」という理由ならば、

「では来年の限定品が出るときには情報がわかり次第にはなりますが、また私からご連絡させていただいてもよろしいですか？」

とお客様の情報をいただくこともできますし、

「とにかく軽いものを探していた」ということであれば、

「なるほど、そうだったのですね。それでしたらお求めのバッグと同じくらい軽くおすすめのものがあるので、お持ちしてみますね」

とご紹介できるかもしれません。

ここまで「GET TO KNOW」でヒアリングしてきた情報を基に、「ない」で終わらせることなくご提案してみましょう。

思い描いていた商品が忘れられず、その場でお気に召していただけなかったとしても、自分のために何かいいものはないかと親身に考えてくれたあなたというアドバイザーに心から信頼を寄せてくれるはずです。

POINT

「なぜ」さえわかっていれば、いくらでも提案できる

STEP 4

いま一度、“将来に続く関係”を結ぶ

ENGAGE

「反論」を歓迎する

お客様のニーズをヒアリングした上で商品提案をしたあとは、いよいよクロージングをします。

ここで大切なことは、お客様の不安をとり除くことです。

お客様は購入を考えているからこそ、買った先のこともいろいろと考え悩みます。

あなたがショッピングに行って、買うかどうか迷うときはどんなときですか？

- 最近買い物しすぎかな……
- 高いな……
- あんまり似合ってないかな……
- ちょっと若作りかな……

□太って見えるかな……
□似たようなものを持っている気がする……
□使ったらすぐ傷んじゃうかな……
□シワになりやすいかな……

などなど、「かわいい！　ほしい！」という感情で購入を決めてしまう方ももちろん多いですが、その感情を正当化するためにも、不安に思うことをとり除いてあげる必要があります。

これは未来を見せることの1つでもありますが、**ご愛用いただいたあとに「どのようなことが想定できるか」ということをあらかじめお伝えすることが大切です。**

ここで意識したいのが「YES、BUT」です。

例えばシューズであれば、

お客様「すごくかわいいけど、シューズにこの金額出すのはちょっと高いかな」

販売員「わかります。**たしかに**決して安いものではないですよね。**でも、**特別なときに大切に履いて行くシューズとしてはとてもいいですよね。素敵なシューズは素敵な場所に連れて行ってくれると言われているので、私はシューズは結構こだわって奮発するんですけど、本当に履くと気持ちがワクワクして景色も違って見えたりするくらいです（笑）」

お客様「長く使えますかね」

販売員「そうですね。ソールの部分はレザーなので、何回かご使用されてソールが擦れてきたら前半張りをしたり、トップリフトが擦れてきたらヒールが傷む前に交換するなどケアしていただくと、長く愛用いただけますよ」

というように、使用後のアドバイスやメンテナンスについてもお伝えします。

いきなりお客様の反論を否定するのではなく、一度「YES」で受け入れてあげることが大切です。「わかります、心配ですよね」や「わかります、ちょっと高いかなって思いますよね」と、共感して差し上げるのです。

「**たしかに**このワンピースの素材は少しシワになりやすい素材です。**しかし**、旅行などにお持ちになるときには、到着されましたらシャワールームに熱湯でお湯を張って、ワンピースをハンガーで吊るしておけばシワがきれいにとれますよ」

など、お客様の心配や不安を一度受け入れて、その上で購入後に使用されるシーンなどを想定したアドバイスをすると、お客様も安心できますよね。

お客様からのネガティブな言葉に対して、その商品をポジティブなイメージにするためには日頃から商品知識を学ぶ努力が必要不可欠です。

日々さまざまなお客様を接客する中で、**お客様がどのようなことに不安を感じ、心配をされるのかに耳を傾けて、どのようにしたらお客様の心配や不安を払拭できるのかを考えるクセをつけてください。**

私はお客様からいただいた質問は調べたりして、いいケア方法があればあとからご連絡してお伝えすることもありました。

そうすることで、お客様からの質問に対する答えの引き出しがどんどん増えていき、対応できる幅も広がっていきます。

「人は感情で買い、理論でそれを正当化する」。これは、有名なマーケッターのダン・ケネディ氏の著書にも度々登場する有名なフレーズです。理論で正当化するそのお手伝いをあなたができるはずですし、あなたが購入する理由そのものにすらなり得るということです。

「あなたが親切に対応してくれたから、やっぱり今日買っていこう」というように。反論を歓迎して、安心を差し上げてください。

そして、もう1つ、「何かあればいつでも私に言ってください」という安心も差し上げてくださいね。

POINT

このようなときに、商品知識は披露しよう

クレームにも「YES、BUT」で寄り添う

接客業をしていると、ときにはクレームを受けることもあります。

クレームだと思うと、「ついつい戦う姿勢になってしまう」「とにかくお詫びしなくてはと思ってしまう」という人は多いと思います。

このときも前項とスタンスは同じで、まずはお客様の話を目線を合わせて「YES」と受け入れることを大切にしてきました。

表面的に「対応する」という姿勢ではなく、お客様がなぜそのように思われたのかということを「もし、自分が同じ立場だったら」と聞くのです。

その上で、こちら側の主張やお伝えしたいことがある場合は、「お客様のお気持ち、よくわかります。たしかに私がもしお客様の立場だったら、とても残念な気持ちにな

ると思います」と伝えた上で、「ただ、我々の店舗としては……」と「BUT」の部分をお伝えしていくことが求められると思います。

ただ、単にお店として毅然とした態度で「クレーム対応する」という姿勢ではなく、なぜお客様がそのような気持ちになられたのか個人の立場で考えること、クレームを伝えること自体心苦しいことなのに、わざわざ伝えてくださったことに感謝をすることも大切です。

- お客様がおかしなことを言っている
- お客様が理不尽なことを言っている
- 神経質なお客様に当たってしまって運が悪い
- 私は間違っていない

そう思えば簡単なのですが、どこかで、

□ あのとき、もう少しわかりやすく伝えられたのではないか
□ あのとき、この部分についてもきちんとお話ししていればこうはならなかったのではないか

と思うことが、実はあるのではないでしょうか？

私は「あのときもう少しこうしていれば」といつも接客を振り返り、次からの接客に活かしてきました。最初から完璧な接客なんてありません。日々接客をしながら学んでいくものだと思うんです。

19年間販売員をしてきた私も、最終日まで成長し続けていたと断言できます。

大切なのは、日々の接客やお客様からいただいたご意見から何を学び、成長していけるかだと思います。

POINT

「お店として」の意向だけ、伝えるのはNG

どっちにするか一緒に迷っていい

クロージングは「決定を促す」という意味で聞くことが多いと思いますが、お客様の背中を押すようなイメージです。

とはいえ、背中の押し方も、ここまでお客様をよく知ってきたからこその押し方があります。

一人ではなかなか決めきれないお客様には、しっかりと「この商品を買う理由」、つまり「未来」を提示して、背中を押して差し上げる必要があります。

例えば、黒と赤のバッグで悩んでいるお客様がいたとします。

「黒のバッグより、赤のバッグのほうが何度も手にとっているな」など、お客様がより惹かれているのはどちらの商品か、あなたはこれまでのステップを経てなんとなく感じとっているかもしれません。
ただし、それだけではわからないこともあります。そんなときは直接、

「正直いま、どちらに惹かれていますか？　何対何くらいですか？」

というように聞いてみてください。

「五分五分かな。ほんとにどっちもよくてわからなくなってきました……」となっているときには、

「**普段、黒のバッグが多いとおっしゃっていたので**、ちょっとチャレンジするのであれば赤ですよね。**モノトーンのお洋服が多いとおっしゃっていたので**、このような小さいバッグでしたらちょっとしたアクセントになって素敵だと思います。赤いバッグをこれまであまり持ったことがないというのが意外なくらい、すごくよくお似合いなので、**個人的にはこの赤を持っていただきたいです！**」

と、ここまでお客様を見てきて、あなたの感じた正直な感想を伝えましょう。

「赤のバックをお持ちになったときの、お客様の笑顔がとても嬉しそうだったので」

というように、理由と共に「直感」をお伝えしたりもします。ここまで多くの会話をしているあなたの言葉に、お客様も耳を傾けてくれるはずです。

「販売員まで一緒に悩むのはよくないので、どちらがいいかをきちんと伝えて購入を促しましょう」と聞くことがありますが、**親身に相談に乗るからこそ、友人のように一緒に選ぶからこそ、悩んでしまうこともあっていいと、私は思います。**

「うーん……、これは本当に悩みますね。どうしよう……」なんて私もよく一緒に悩んでいました。

お客様は、「なんかすみません」なんておっしゃったりしますが、「いえ、いやこれは本当に悩みますよね。どちらにもよさがありますしね」とお客様と一緒に、**これま**

で「GET TO KNOW」してきたことを元に、それぞれの商品のいいところなどを整理することで、お客様の深い納得に繋がることがよくありました。

「そうだよね、やっぱりこっちだよね！」と一緒に1つの商品に辿り着いたときの喜びはまた格別です。横に立って、友人のように寄り添い一緒に選ぶ感覚で、「やっぱりこっちですよね！　こちらにしましょう！」と言うのはとても楽しいですよね。

たとえ、おすすめした商品ではなくもう1つのほうになったり、商品が決まらなかったとしても、ここまで親身に相談に乗ってくれたあなたのことをお客様は覚えていてくださるはずです。

POINT

ときには「直感」が、選ぶ上での決め手になる

沈黙こそ揺らがない満足感に繋がる

最後に自分で頭の中を整理して決断したいお客様には、沈黙が必要です。

ここまで十分商品の魅力を語り、「なぜお客様にとってこれが必要なのか」「なぜお客様にこれを持っていただきたいのか」、全てお伝えした上で、お客様が最後に結論を出すために必要な時間です。

お客様に一人で考える時間を差し上げるのです。

そのとき、ただ目の前で考えているのをじっと見るのではなく少しだけ離れます。

とはいえお客様が考えていて、**何か質問をしたくなったときにはすぐにお応えできる程度の距離にいます。**

パソコンで他店の在庫状況を調べたり、もうご覧になっていない商品を片付けながら、STEP1「WELCOME」でお伝えした動的待機のように、意識はお客様に向きながらも向き合い過ぎないような、そんなイメージです。

カップルやご夫婦、親子でいらっしゃっているときもそうです。

こちらから、とにかく決定を促すようにまくし立てて話すよりも、少し離れてお二人で相談する時間を作って差し上げることがとても大事です。

「ちなみにこの商品って在庫はあとどれくらいありますか?」とか「ちなみに分割払いもできますか?」などと、沈黙の時間に出てくる疑問や不安にしっかりと答えられるよう、近すぎず遠すぎずの距離で見守ります。

この間に当店在庫や他店在庫などを見ておくことで、「やっぱり少し考えます」となった場合でも、

「かしこまりました。いまお調べしていたところ他店も含めてあと2点のみでしたので、やっぱりほしいなと思われたら、お早めにご連絡くださいね」

とお伝えできますし、「やっぱり今日買っていきます」となった場合でも、

「ありがとうございます。いま念のため他店の在庫状況も見ていましたら、こちらを含めて残り2点のみだったので、よかったです」

というように、**ご購入を決めたことは間違いなかったとより感じていただける一言としてお伝えできるはずです。**在庫の状況にかかわらず、「お客様の雰囲気に本当にお似合いだなと思っていたので、お選びいただけて嬉しいです」とも伝えます。

沈黙を気まずいと感じる必要はありません。お客様だけで考える時間を差し上げることで、「自分で納得して購入した」と感じることができ、お客様にとってより満足感の高い買い物になるのです。

POINT

最後の一言で、悔いのない買い物体験になる

買わせない勇気、ありますか？

「買わせない勇気」と言うと驚かれるかもしれませんが、買いたいというお客様に、「いやいや今日は買わないでください」と言うことではありません。

STEP2「GET TO KNOW」でお客様のことをよく知った上でSTEP3「PRESENTATION」をして、それでも「今日はうーん……」と悩まれることってありますよね。

すでにお伝えした通り、「人は感情で買い、理論でそれを正当化する」ので、感情で購入を決めてしまうこともあるかもしれません。一方で、

- ほしいけど、もう1つ比べたいブランドがあるんだよな……
- ほしいけど、今月かなり買い物しちゃってるな……

□かわいいけど、似たような服があったような……

などなど、感情のまま即決できないことがあります。

そんなときは、「買わせない勇気」を持ってほしいと思うんです。

もちろん、お客様とよく会話をしているからこその勇気です。お客様に納得してご購入いただくために、最大限不安を払拭するお手伝いをした上で今日の購入は難しそうであれば、快くお客様が納得できるタイミングまで待ちましょう。

ただ待つだけではありません。自分宛に必ず戻ってきていただけるよう、最後まで努めます。具体的にどのようなことをするかというと、

「どちらかのブランドとお迷いなんですか」

と率直に伺います。

「そうなんですね。迷う気持ち、よくわかります。私もこういうものを購入すると

きは何度も見に行っちゃいます。長く愛用していただくものだから、ちゃんと納得して買いたいですよね」

と、お客様の迷いも受け入れます。

そして、悩んだり購入を決められなかったことで引け目を感じてしまう方、申し訳なさそうにされる方もいらっしゃるので、そのような必要はないことを伝えます。

「私もそうなんです。お客様よりもっと悩むかもしれません（笑）。ぜひ○○も見てきてください。あとで比べられるように、写真を撮っておきますか？」

「こちらに品番と品名と金額を書いておいたので、ぜひゆっくり悩んでくださいね。お買い物は購入するまで、悩んでいる時間もまた楽しいんですよね！」

「でも、たぶん買いにきてくださると思います（笑）。だって、本当によくお似合いですもん。ぜひ持っていただきたいです」

と、心からの言葉を最後までお伝えします。このような話をしている間に、「やっぱり今日買っていきます！」とおっしゃり、驚かされることが度々ありました。

お客様「なんか、お姉さんから買っていきたくて」
販売員「え？　〇〇は見に行かなくていいんですか？」
お客様「いいのいいの。こういうのは出会いだから」

なんておっしゃってくださったり。
私は初回の接客もそうですが、長いお付き合いのお客様にも同じようにしています。「どう思う？」と聞いていただけるときには、「これはいらないと思います（笑）」と伝えることもあります。長く付き合ってお客様をよく知っているからこそ、
「以前もそのように悩んで購入した際に使わなくなってしまったので、今回はやめておきましょう」

などとバッサリお伝えすることもあります。

お客様の中には「正直に意見を言ってくれるから好きだ」と信頼をおいてくださる方も多かったです。**主観で伝えるのではなく、常にお客様の横に立ち気持ちに寄り添った対応をしていくことで信頼を得ることができるのです。**

ときには、「3点とも買っていっちゃおうかな。買いすぎかな、どうしようかな……」と悩んでいるお客様にあえて、

「今日はこの2点だけにしましょう。一気に買ったら、もうしばらくいいか、って思うかもしれないじゃないですか。この商品はまた改めて来月にでも見にいらしてください。そしたら私もまたお客様にお会いできますし」

と、「今日全てをご購入いただかない」という選択もしていました。

これはとても勇気がいることですが、またお会いする機会を作ることによって、次にご来店されたときに、また別の商品をご紹介することもできるのです。

「買わせない勇気」は、たとえそのときに売上を得られなくても、未来に繫がる何倍もの数字や、何よりお金では買えない信頼を得ることに繫がります。

目先の売上にとらわれて、お客様の気持ちを無視して強引に購入に繫がったとしても、「買わされた」という感覚が少しでも残ると、「次もまた行こう」という気持ちにはなりません。

お客様も自分自身が納得して購入を決めたものは、商品に対する愛着も湧きますし、そのような商品を一緒に選んでくれた販売員の印象も残るものです。

販売員である以上、売上を作りたいという思いは必ずあるのでとても勇気がいることですが、ときにはこの勇気が未来の数字、未来の関係を作るということを知ってほしいと思います。

POINT

結果的に、〝お客様の本音〟を最重要視する

購入に至らなかったときこそ、笑いと優しさを

購入が決まらなかったことで、つい残念な気持ちが表情が出てしまったり、急にドライな対応になってしまう販売員は少なくありません。

「売上を作る」という意識が高いからこそのものだと思います。

しかし、これはお客様に伝わります。


前項でお伝えしたように、お客様によっては購入しなかったことを引け目に感じてしまったり、申し訳なく思ったりすることもあります。

だからこそ、購入に至らなかったときには「またここにきたい」「またこの人に会いたい」と思っていただけるように意識するべきです。

「購入しなかったのに、こんなによくしてもらった」という体験は、「購入して、よくしてもらった」という体験にも勝るものだと思うからです。

最後のお見送りまで一切気を緩めることなく、全力で楽しんでいただけるように、「またぜひいらしてくださいね」という思いを込めましょう。具体的には、

「はい、ぜひ検討してみてください。あ、でももし夢に毎日出てきてうなされる……、みたいなことがあったらすぐに連絡してくださいね！（笑）」

「気になって仕事が手につかない……、みたいになったら大変なので、そのときにはすぐにご連絡くださいね（笑）。在庫もすぐに確認しますので」

というように、「笑い」に変えてお伝えします。

買わなかった、買えなかったなんて引け目に感じず笑顔でお帰りいただくために、そして、「買うときは、こんなによくしてくれたこの人のところで買おう」「またこの人に会いにこよう」と思っていただける努力を最後まで惜しみなくしましょう。

購入いただけなかったときこそ、販売員の本質が試されるときだと思います。その場で終わらない、未来に繋がる関係、ひいては売上を作れるかどうかは、このSTEP４「ENGAGE」にかかっています。

購入された方の商品を持ち、出口までお見送りすることが当たり前になっているいまの時代、では購入されなかった方に対してはどうされていますか？

購入された方と購入されなかった方は、商品を買うのが今日なのか未来なのかの違いだけです。そう思って最高のお見送りをしたいものですね。

POINT

購入されなかったお客様は、最後どんな顔をしていますか？

お客様情報をいただくとき、どう伝える？

さて、クロージングのあとは、将来に繋がる会話をします。

多くのブランドではお客様情報をいただいたり、ＬＩＮＥを交換したりして、今後も新作の情報やイベントの情報などがご案内できるようにしています。

購入非購入問わずお客様の情報をいただくことは、将来に繋がっていくためのツールなのでとても大事な要素です。

しかし、ご購入になった際にはいただきやすいお客様情報も、非購入となると難しかったりしませんか？

「いや、いいです」「いえ、大丈夫です」と言われてしまわないか。断られたり、拒否されるのが怖くてなかなか言い出すことができなかったりしますよね。

ここまで商品のことしか語っていなかった販売員が唐突に、「今後も新作などのご案内ができますので、お客様情報をこちらにいただけますか」と伝えると、警戒心が生まれてしまうことも少なくありません。

しかし、ここまでに多くの会話をしながら、「またこのブランドを見にきたいな」「またこのお店にこよう」「またこの人と会いたいな」と思っていただけているならば、お客様も安心して情報をくださるはずです。

きちんとここまで関係構築をしてきたからこそ、最後に将来に繋がるための情報がいただけるのだと思います。

「今日ご覧いただいた商品の写真を、後程品番と金額を書いてメールいたしますね」

「お客様がお好きそうなパンツが来週発売予定なので、ぜひ写真などをお送りさせてください」

「当店では年に一度大きなイベントがあって、先ほど気に留めていただいた時計以外にも、イベントでしかご覧いただけない商品もあるので、そのときは、ぜひまたご案内させてくださいね」

「お嬢様が来年成人式とおっしゃっていましたもんね。そのときには、今日ご紹介させていただいたものと合わせてプレゼント選びを一緒にさせてください。今日お話しして、お嬢様のお好みがかなりわかりましたので、安心していらしてくださいね」

というように、お客様をよく知ったからこそ**「今後も私がお客様のお手伝いをします」「またお客様と会いたいです」という思いをきちんとお伝えするのです。**

「今日はありがとうございました」だけで終わらずに、将来を想像させる工夫をしましょう。

また、このSTEP４「ENGAGE」はリマインドの要素があります。

ここまでSTEP 2「GET TO KNOW」やSTEP 3「PRESENTATION」で蓄積してきたお客様の情報を再度繰り返しながら、「またここにこよう」「この人から買おう」と思っていただけるよう再度関係を結び直すイメージです。

「**先ほど『もしここが傷んできちゃったらどうしよう』と気にされていましたが、**お伝えした通りこの部分はお修理もできますので、何かあればいつでも私に連絡してくださいね」

「**来月京都に行くときに、**『やっぱり着ていきたい！』って思ったら、またいらしてくださいね。数が少ないのでご連絡いただければ押さえておきますからね」

「後程いただいたメールアドレスに写真を送るので、**ご主人と相談してみてください。OKが出るといいですね。**もし次にご主人といらっしゃることができる日がわかったらご連絡ください。今日のご案内を踏まえて続きからご案内します。もう一度お会いできると思うと嬉しいです！」

などとお伝えすることで、購入非購入を問わず「今後もここにきたい」「何かあればこの人に相談しよう」と思ってもらえれば、将来に繋がる関係構築ができるはずです。

POINT

「SHARE」した内容を添えると、連絡するきっかけも作れる

再来店時に必ず呼ばれる人になる

STEP４「ENGAGE」では、最後にいま一度あなたの印象や名前を覚えてもらい、再来店時に必ず自分を呼んでもらう工夫が必要です。

そのためのツールとして名刺やショップカードのようなものがあります。

しかし、名刺をお渡しする際に「私、土井と申しますので、よろしければまたご案内させていただきます」と、このような感じだと覚えてもらいにくいです。

いくつかコツがあるので、ご紹介していきます。

□□「SHARE」したことを伝える

１つ目に、これまでのステップで「SHARE」して見つかったお客様との共通点を一言添えるという方法です。

「今日ご案内させていただいた○○と申します。**お客様と同じ78年生まれなので、ぜひ覚えてください**」

このように、「お客様と同級生の」「お客様と同じ二児の母の」「お客様と同じ千葉出身の」「お客様と同じく東北生まれの」など、ここまで「SHARE」してきた内容を繰り返してお客様に記憶していただきます。

□□「経歴や強み」を伝える

そして2つ目は、自分の経歴や強みをお伝えすることです。

「店長」「副店長」「スペシャリスト」など、ブランドによっての何か肩書きがある人は、それを伝えることで印象づけることができます。

「フレグランススペシャリストをしております○○と申します。香りに関しては店舗で一番深い知識がありますので、お任せください。あ、もちろん全てのカテゴリーにおいてしっかりとご案内できますのでご安心ください（笑）。何でも相談してくださいね」

そのようなものがもちろんなくても、

「先月入社した○○と申します。35歳の新人です（笑）。**もともと宝飾ブランドで長く勤務しており専門的な知識からアドバイスまで自信があります**ので、ぜひ何でも聞いてくださいね」

こんなふうに、肩書きがなくても、「これだけは誰よりも得意だ」と言えるようなものを持っている人は強いのです。

お店の中でも「シューズのことは○○さんに聞けば何でもわかる」とか、「メンズの洋服のことは○○さんに」「リペアのことは○○さんに」という**「○○といえば○○」**

が確立している販売員は、お客様にもすぐに覚えていただけます。

「○○のことでしたら詳しいスタッフがいますので、呼びますね」と頼りにされるので、お店のスタッフからもお客様からも覚えていただけるようになるのです。

この積み重ねから、私は担当スタッフが産休や異動になったときに、引継ぎをスムーズに受けたりすることもありました。

□□「名刺やショップカード」に情報を書いて伝える

名刺やショップカードにお客様が気に留めてくださった商品の品番や金額、自分の名前を書いてお渡しする方法もありますよね。

「ぜひお帰りになってから、ホームページなどでいま一度ご覧になってみてください。また、他の商品など気になるものがあれば、いつでも私宛にご連絡ください」

「ぜひ、このカードをまたお持ちください。こちらがあればすぐにわかりますので」

と、名前が書いてあるカードを再度お持ちいただくようにお伝えしておけば、名刺がなくても、他のスタッフに声をかけていただいても、呼んでもらえるはずです。

そして、どのコツにも共通する最も大事なことは、「次回ご来店時には私を呼んでください」ときちんと伝えることです。

「お近くにいらっしゃることがあれば、ぜひまたお会いしたいので、『○○います？』と声をかけてくださいね」

「次回ご来店の際には、ぜひ気軽に呼んでくださいね、出勤していても裏で作業していることもあるので、スタッフに声をかけてください。またお話ししたいので」

「次回はぜひ、このバッグを持っているところを見せにいらしてください。実際に使ってくださっているところを見たいので、ぜひ近くにいらっしゃるときには、呼んでくださいね」

というように。

お客様の中には、「何も買うつもりがないのに呼ぶなんて」と遠慮される方も多いですし、「わざわざ呼ぶなんて恥ずかしい」と思われる方もいらっしゃるので、これはしっかりお伝えしましょう。

そして、何より「またあなたに会いたい」と思っていただける初回の接客をしてこそ、この言葉をお伝えできるものです。

最後のお見送りまで、気を抜かずにいたいですね。

POINT

名刺がなくても、ショップカードやメモ用紙で大丈夫

STEP 5

何年たっても
“色褪せない印象”を残す

FOLLOW UP

家に帰って、販売員を思い出す瞬間って？

最後のステップになりました。ここでは、初回の接客を終えてお客様が帰られたあと、どのような連絡をすればいいかお伝えしていきます。

ＰＲＯＬＯＧＵＥでお伝えした通り、「エビングハウスの忘却曲線」によると、１日後には67％もの記憶が失われてしまうという研究結果があります。

人は忘却の生き物とはいえ、翌日には半分以上のことを忘れてしまうのだと改めて数字で見ると愕然としますよね。

でも、だからこそ忘れないうちにご連絡をしていく必要があります。

私はお帰りになってから思い出してもらう工夫の１つとして、**ご購入いただいた商品を配送する際には、左のような手書きのメッセージを添えていました。**

先日はご来店いただき、また、◯◯をご購入くださりありがとうございました。◯◯様とはじめてお会いしたというのが信じられないくらい、とても楽しい時間でした。来月行かれるとおっしゃっていたハワイのお話もぜひ聞かせてくださいまた次回お会いしてお話しできますことを楽しみにしています。この度は本当にありがとうございました。季節の変わり目ですので、くれぐれもご自愛くださいませ。

商品が手元に届いた喜びと共に、お店で買い物した時のあなたとの時間を思い出してくださるはずです。

また、接客している際に「今日、実は私の誕生日で」「実は来週私の誕生日で、自分へのご褒美に買いにきたんです」「もうすぐ結婚記念日なんです」というようなお話があったら、**その場でご購入いただいた商品をラッピングして、簡単な手書きのメッセージも添えるようにしていました。**

ご自宅に着いてから、このメッセージに気づいて喜んでくださるお客様はとても多かったですし、その後また会いにきてくださる方もいらっしゃいました。

1日早いですが、お誕生日おめでとうございます！　数あるブランドの中からルイ・ヴィトンの財布をお選びいただき本当にありがとうございます。お誕生日当日が素敵な1日になりますように。そして、明日から始まる日々も笑顔溢れる素晴らしい1年になりますように。

人の記憶はどんどん薄れていくものですが、こうしてお帰りになって商品を見るタイミングや、商品が自宅に届くタイミングで再度あなたのことを思い出していただくきっかけを作るということが、未来の再来店に繋がります。

POINT

思いがけないメッセージとラッピングこそ、喜ばれる

大切なのは、「SHARE」した内容をすぐ伝えること

ＳＴＥＰ５「FOLLOW UP」で大切なことは、購入されたお客様にできるだけ早くお礼のご連絡をすることです。

すぐＤＭを書けば、１週間以内にはご自宅に届くと思います。

あなたの記憶も同じように薄れていくので、ここはあと回しにせずお客様のお顔や会話の内容を覚えているうちに、メールやＤＭ、お電話などで想いを伝えましょう。

- ご来店いただいたことへの感謝
- 偶然にも担当させていただけたことへの感謝
- お客様との時間がとても楽しい時間であったこと
- またお客様にお会いしたいこと

これらについて、メッセージに盛り込んでみると、

〇〇様、先日は当店にお立ち寄りくださりありがとうございました。〇〇様とははじめてお会いしたとは思えないほどたくさんお話しができて、とても楽しい時間でした。ご購入いただいた〇〇は早速ご愛用くださっていますか？とても素敵に着こなしていただいて、私も嬉しかったです！またお近くにお越しの際には、使い心地や周りの評判などもぜひお聞かせください。お仕事も毎日お忙しいとおっしゃられていましたが、くれぐれもご自愛ください。〇〇様とまたお会いしてお話しできることを楽しみにしています！

このような感じです。

何より大切なのは「私はあなたのことを覚えています」「お話したことを覚えています」ということをお伝えすることです。

□あのあとに行かれるとおっしゃっていたレストランはいかがでしたか？

☐サプライズのプレゼントはいかがでしたか？　奥様にお喜びいただけましたか？
☐旅行からお戻りの頃かと思いますが、いかがでしたか？　ぜひ、次回ご来店時にご旅行のお話も聞かせてくださいね

というように、**初回の接客で話したパーソナルな部分を盛り込むと、より記憶が蘇りやすくなります。**間違っても、他の誰にでも送れるような内容だけを書いてお送りすることのないように、必ず具体的なエピソードを添えましょう。

何度もお伝えしますが、それができるかは「初回の接客」でいかにお客様と多くの「SHARE」ができたかにかかっています。

あなた自身もお客様との会話や温度感を覚えているうちに、「SHARE」した内容をお客様に伝えましょう。

POINT

「お礼の連絡は3日以内にする」と決めてしまおう

お客様にも、友人や家族に連絡するタイミングで

ご来店直後のお礼をしたあと、次に連絡するタイミングとして一般的なのは、イベントや新商品のご案内のときですね。

そんなときも、お客様の好みやライフスタイルがわかっているからこそできる方法があります。

- □毎年のお盆には東京に遊びにきているとおっしゃっていた
- □お客様がこんなものが出たらほしいとおっしゃっていた
- □彼氏の誕生日が10月だとおっしゃっていた
- □成人式が来年の1月だとおっしゃっていた

など、「SHARE」した情報を元に連絡するのです。例えば、

「**今年もお盆にはこちらにいらっしゃるご予定でしょうか？**　○○様にお会いできたら嬉しいので、いらっしゃる日などがわかりましたら、ぜひ教えてくださいませ」

「7月頃、ご来店くださった際に、お話しした○○という商品が来週あたりに入荷いたします。**○○様のお好みにぴったりだと思って一足先にご連絡いたしました。**来月初旬のご予定はいかがですか？　また改めて入荷しましたらご連絡いたします」

「実は来週から新しいコレクションが発売になることがわかったので、早速ご連絡いたしました。**今回のコレクションは○○様にお似合いになりそうなものがたくさんあって**、早くお見せしたくてウズウズしています（笑）。○○様にはできるだけ早くご案内したいのですが、来月5日・6日などは何かご予定がありますか？　**先日気になられていた斜めがけのミニバッグも在庫が少なくなっていた**ので、念のためお取り置きしてあります。ぜひ、もう一度ご覧になってみてくださいね」

このように連絡すると、お客様に「あなたとの楽しい時間を覚えている」ということが伝わりますよね。

しかし、連絡が新商品や、イベントのご案内ばかりになると、**お客様にとって「販売員」「セールスマン」という意識が強くなり、せっかく店頭でたくさんの「SHARE」をしていい関係構築ができたとしても、「いつもセールスの連絡をしてくる人」になってしまいます。**

それはあまりにもったいないことです。

そこで私は、セールス目的なもの以外に、来月の私の勤務日程や、お客様の誕生日や季節の挨拶などで連絡していました。

まず、友人や家族に連絡するタイミングをイメージしてみてください。

- ◯◯ちゃん、お誕生日おめでとう。その後元気にしてる？
- ◯◯ちゃん、昨日の豪雨大丈夫だった？
- 急に寒くなってきたけど、お母さん元気にしてる？　今度また実家に帰るね。

☐お兄ちゃん仕事忙しいと思うけど、元気？　奥さんや子供たちも元気？
☐来月のシフト出たよ。ランチ行ける日ある？

と、こんなふうに連絡しますよね。
これはお客様に対してもいつも同じスタンスです。

「○○様、お誕生日おめでとうございます。その後いかがお過ごしですか？」

「○○様、先日の地震は大丈夫でしたか？　真っ先に○○県にお住いの○○様の顔が浮かんで心配になりご連絡しました」

「○○様、年末年始はお仕事がお忙しいとおっしゃられていましたが、いかがお過ごしでしょうか。体調など崩されていませんか？」

または季節に合わせて、

「イルミネーションも点灯して、すっかり街はクリスマスモードになりましたね。
○○様はその後いかがお過ごしですか？」

などとご連絡してもいいですね。**大切なことは、人は忘れる生き物だということを念頭に置いて、定期的な頻度で連絡をすることです。**

商品やイベント誘致の連絡だけではなく、「元気？　どうしてる？」という、家族や友人に連絡するようなことだけでも、あなたという存在を覚えてもらい続けるアクションになるはずです。

POINT

「SHARE」できていれば、連絡のハードルはグンと下がる

「非常識な接客」の真意

販売員時代、「ホント営業が雑すぎるよねー」なんて、よく笑われていました。

このお客様とのお付き合いは、別のお客様の友人として一緒にご来店されたことが始まりでした。その後は、一人でいらしてくださり、8年という長い間私の顧客でいてくださいました。

「たった2行のLINEで500万円のバッグを販売しようとするなんて、土井さん以外いないよ。でも全然イヤじゃないんだよね。タイミング次第では、買おうかなと思えちゃう」

「いつも行くセレクトショップの店員さんのほうが、よっぽど土井さんより話し方とか所作とか丁寧な接客なんだけど、なぜか『また会いたいな』とかは思わないいんだよね」

「土井さんってさ、ホント商品の話をほとんどしないもんね」

確かに信頼関係がなかったら、クレームになりかねない非常識な接客です。

ＬＩＮＥ２行で５００万のものをすすめるって……。

「でも、土井さんはちゃんと好みをわかってくれているから安心」

「スナックのママみたいな感じ」

「家族とも友達とも違って、なんか話を聞いてほしくなる」

とも言ってくれました。

起業家で、ビジネスがうまくいかない時期もあり、１年ほどご来店されない期間もありましたが、それでも私はこの方に毎月連絡をしていました。

お好みの商品が発売になったときや、イベントのご案内、「お元気ですか？」という何気ない連絡を、です。

ある日、展示会のイベントがありご連絡したところ、久しぶりにいらしていただけることになりました。

このときお買い物はされませんでしたが、私は久しぶりにお会いできてたくさんお話しできたことが本当に嬉しかったです。

そんな中、ビジネスがまたうまくいき始めて、ちょうど1年ぶりにお買い物にいらしてくれたときのお言葉はいまでもよく覚えています。

「土井さんの勝ちですよ」

「え？　勝ちですか？」

「たくさん買っていた頃、いろんなブランドの人から連絡がいつもきていたんですけど、しばらく買い物をしなくなって、見事にどのブランドからも連絡がこなくなったんですよ（笑）。でも、土井さんだけは必ずいつも連絡をくれたじゃないですか。だから、土井さんの勝ちです」

私はこの方を忘れたことがなかったので、ただ友人のような気持ちで連絡をしていただけなのですが、**そんな本当にシンプルなことが、「他の販売員さんたちとは違っていた」ということでした。**

何気ないことがお客様の心にはきちんと届いていて、また買い物をしようと思われたタイミングで、真っ先にきていただくことができました。勝負していたつもりなんてもちろん全くなかったけれど、確かに私は勝ったのだそうです。

私はこのとき、本当に単純に、この方にまたお会いできたことが心から嬉しかったのですが、いただいた言葉はさらに何年経っても忘れることのないとても嬉しいものでした。

POINT

「いかがお過ごしですか？」と連絡する販売員はそういない

7年越しに思い出していただけた理由

最後にお会いしてから、7年後にご連絡をくださったお客様がいました。

「コインケースが傷んできたから新しいものを購入したいんだけど、今日ご出勤されていますか？」

「買い換えようと思ったとき、真っ先に土井さんの顔が浮かんで連絡したの」

と笑って話してくださいました。真夏の暑い日、7年越しに私に会いにきていただけたことは、本当に幸せな出来事でした。

その方は、まだ知識があまりなかった新人の頃にできた顧客様で、私にとって思い出深いお客様でした。

お客様へのご連絡はほんの些細なことで、誕生日や年末年始のご挨拶、「お元気ですか？　お変わりありませんか？」「お近くにお越しの際はぜひお会いしてお話しできたら嬉しいです」などといったものです。

しかし、ご来店されなくなってからも、1年に一度か二度という頻度で連絡を続けたことで、必要なときに真っ先にご連絡いただけたのだと思います。

私は何度も足を運んでくださるお客様だけではなく、ご来店されなくなったお客様に対しても「いつか思い出していただいたときに、いつでもお迎えできるスタッフでありたい」という思いが常にありました。

POINT

そのためには、初回の接客で、お客様の記憶に残る販売員になれるか、そしてお客様を覚えていられるだけの「SHARE」をしているかどうか。それがあってはじめて、「覚えていてもらう」「思い出してもらう」ことができるのです。

年に一、二度でもコンスタントに連絡しよう

EPILOGUE

今日もお客様の
笑顔と“ありがとう”に
会いたくて

販売員にとって、これが最大の武器になる

ここまで読み進めてくれたあなたは、お客様がお店に足を運ぶ理由を何だと思いますか？

- □そのブランドが好きだから
- □そのブランドの商品が好きだから

多くのお客様はそうだと思います。

あなたも「ブランディング」という言葉を耳にしたことがあるのではないでしょうか。これは、「ブランド」のポジションを明確化することを意味します。わかりやすく言うとお客様にとって、「〇〇と言えば〇〇」といった意識を浸透させることです。

あなたは普段から、お客様にあなたが働いているブランドの歴史や世界観、商品やサービスの素晴らしさについてお伝えしているはずです。
それによって多くのお客様はあなたのブランドを好きになり、商品を好きなり、足を運んでくださっているのです。

では、そこに「あなた」というブランドが加わったら？
これこそ、私が本書で伝えたかった「ダブルブランディング」という考え方です。

- あなたがいるから
- あなたが紹介してくれるから

それが、お客様が来店される理由になったらとても強いのです。

「土井さんに出会えていなかったら、こんなにルイ・ヴィトンを好きになることもなかった」

「今日は買うつもりもなかったのに、土井さんが紹介してくれたからついつい」

「このお財布を使うたび、買いに行ったときの土井さんとの会話を思い出すんです」


そんなふうに言ってくれる。

先ほど「〇〇と言えば〇〇」を、お客様に浸透させることがブランディングとお伝えしましたが、多くのお客様に「ルイ・ヴィトンと言えば土井さん」と思っていただける接客をしてきたのが販売員としての私の最大の強みでした。


つまり、「あなたがいるブランド」と「あなたというブランド」、そのどちらも一緒に確立していくということが大事なんです。

ブランドが好きでブランドの商品を好きになってもらうことはとても嬉しいことですが、**それと同時に「あなた」というブランドも好きになってもらい、長く愛していただくということ、このダブルブランディングこそが最強なのです。**

「あなたがいるから」、そんなふうに言ってもらえる販売員は本当に幸せな販売員だと思います。

この本を手にとってくださったあなたも、本書でご紹介したメソッドを今日から店頭で実践していくことで、これまでとは違うあなたに出会えるはずです。
そしてその先に、私がこれまで仕事で感じてきた幸福感をあなたにも知ってほしいと心から願っています。

POINT

いま求められているのは、「ブランディング力」に長けている人

「ライフワークシナジー」という考え方

昨今、「ライフワークバランス」の重要性が注目されていますが、私は「ライフワークシナジー」という言葉を大事にしています。

プライベートを楽しむことが仕事にいい影響を与える、逆に仕事が充実することで、プライベートでも家族や恋人、友人とよりいい関係が築けるという意味です。

例えば、私はホテル巡りが大好きで、週末は都内のホテルで過ごしてリフレッシュをしたり、長期休暇があれば少し足を延ばして旅行に行ったりしています。

ある年の夏休み、家族と軽井沢の「星のや」を訪れたときのことです。

到着すると、入口で迎えてくれたスタッフが、「いらっしゃいませ○○くん、○○ちゃん」と子どもたちの名前を呼んでくれたのです。

私はその方の前で、子どもたちの名前をまだ呼んでいなかったので驚きました。そして、とても感動しました。

このプライベートの体験から、私は店頭で、情報をいただいたお客様だけではなく、お連れ様の名前も呼ぶようになりました。

新婚のご夫妻を接客しているとき、「えりちゃん、これどう思う?」と話しているのが聞こえたら、私も「えりさんは普段は○○なんですか?」というように、お連れ様の名前を呼びながら接客したところ、「さすがですね」と喜んでいただきました。

また、お子様連れのお客様にも同じように、「○○ちゃんはいま何歳ですか?」と、間接的にわかったお名前を添えることで、お客様とぐっと距離が縮まる感覚を味わってきました。

ただし私には、こうしたプライベートの時間を使って、〝接客を勉強するために〟ホテルのサービスを受けようとか、本を読もうとか、他ブランドの接客を受けよう、という意識は全くありません。

単純に、旅行が好き、ショッピングが好き、友達といろいろなカフェに行くのが好き、ファッションが好き……、好きだと思えることをプライベートで経験しながら、そこで感じたことを仕事でアウトプットしてきた、ということです。

そんな私の姿を見て夫はよく、「美和は本当に幸せだと思うよ。そんなふうに毎日ワクワクして仕事に向かっている人は、世の中のほんの一握りの人だと思うから」と言っていました。**たしかにこれだけ好きなことを経験しながら、それがダイレクトに仕事で活かせる職業があるだろうか、と感じます。**

プライベートで美味しい物を食べたり、美しい景色を見たり、素敵な場所を訪れたり、楽しい会話をしたり、失恋をしたり、笑ったり怒ったり、さまざまな経験をお客様と「SHARE」する。そんな素敵な循環が生まれると、仕事がもっと楽しめるようになるはずです。

POINT

プライベートでの経験が、接客の質を上げていく

弟のようなお客様の結婚式

ルイ・ヴィトンで過ごした中で、出会った忘れられないお客様の一人に、17歳の高校生の男の子がいます。

私が入社2年目に出会ったお客様でした。

その日、彼は学校帰りに高校の制服を着て来店されました。

アルバイトで貯めた大切なお金を持って、商品を買いにきてくれたその方とは、年齢が近いということもあり、はじめて会ったのに心が通い合うとても楽しい時間を過ごすことができました。

当時「商品を売ること」にフォーカスする接客をしていた私にとって、これはとても新鮮な出来事だったのです。

年に一度くらいしかご来店されない方でしたが、ご来店する前には必ず「土井さんは、今日いますか」とお店に連絡をくださいました。

私が産休・育休で不在の時期もありましたが、その間も「土井さんはもう復帰されましたか」とずっと復帰を待っていてくださったり、彼女の誕生日にはお財布を選びにきてくださったり、長きに渡って私の大切なお客様でいてくださいました。

「彼女と一緒に住むことになった」と、照れくさそうにお店に連れてきてくださった彼女さんは、彼によく似合う優しくて可愛らしい女性でした。

その日彼が、「結婚するときは、婚約指輪も結婚指輪も土井さんから買いたいです」と言ってくださったことはとても嬉しかったです。

本当に婚約指輪を購入しにきてくださったときには、どんなシチュエーションで彼女に渡そうかと楽しくお話ししました。

このとき私は「商品を購入されるお客様」としてというよりも、むしろ結婚が決まった弟のように可愛く嬉しく思えて、そんなふうに、彼と思いを共有できることを幸せに思いました。

さらに「挙式に参列してほしい」と招待状をいただき、チャペルに足を運んだとき、私から購入してくださった結婚指輪が交換される瞬間に立ち会えたことは、言葉にできないほどの感動的な出来事であり、18年以上経ったいまでも私の大切な宝物です。

妊娠がわかったときも、出産したときにも連絡をいただき、彼の言葉を借りるとまるで「お姉ちゃんのように」彼の人生に寄り添ってきた気がします。

18年間という月日を経て、もはや販売員とお客様の域を超えて家族のような存在になっていました。**誰かの人生に寄り添い豊かにするお手伝いができたことは、何より私の心も豊かにしてくれたということは言うまでもありません。**

私が退職する1週間前にも、ご家族そろって会いにきてくれました。私が辞めたあとも、「土井さんを思い出しながら使えるように」と、最後にご夫婦で使えるバックパックをご購入くださいました。

奥様のお腹には2人目の赤ちゃんがいて、そのサプライズ報告もあり、とてもハッピーな販売員人生の締めくくりでした。

私は、単純にいくら売れたかよりも、「自分じゃなければ売れなかった金額」こそが、自分の接客の価値だと思っています。

本書で繰り返しお伝えしていますが、「あなたが接客してくれたから、買う予定じゃないけど買ってしまった」「あなたが紹介してくれたから、ついこれも買ってしまった」「あなたと出会えたから、このブランドに通うようになった」、そんな理由でご購入いただくことにこそ、価値があると思うのです。

POINT

深い信頼関係を築くことで、はじめて見えるものがある

この仕事が、自信のない私を変えてくれた

実は、私は幼い頃から自分にとても自信がありませんでした。

と言うのも、私には二つ年上の兄がいるのですが、非の打ち所のない完璧な兄だったので、いつも兄の陰に隠れているような、そんな子どもだったのです。

いまの私からは想像ができないかもしれませんが、コンプレックスの塊で、自分に自信が持てないまま大人になりました。

入社当時の私もそうでした。同期達は洗練されていて華やかで、「なんて場違いなところに来てしまったんだろう……」と本当に落ち込みました。

当時のことを振り返ると、ある同期からは「ホントに芋臭かったよね(笑)」と言われます。

そんな私が少しずつ自信を持てるようになったのは、間違いなくこの接客業との出会いでした。

そのままの自分をオープンに会話することで喜んでいただけること、そしてお客様が「あなたがいるから」と、長年に渡って会いにきてくださること、そのことが私に居場所と自信を与えてくれたのです。大袈裟に聞こえるかもしれませんが、私は、はじめて自分の「居場所」というものを強く感じました。

私にとって「接客業」「販売業」とは、単に仕事というだけではなく、私自身の心と人生を豊かにしてくれるものでした。

2020年2月29日、19年間勤めてきたルイ・ヴィトンを退社しましたが、今度は受講生の方から、「土井さんに出会えてよかった」と言っていただけるようになりました。これは、講師になってからも変らず、いいところも、だめなところもオープンにして、自分を知ってもらえるよう努めたからだと思います。

受講生の方々にとって、私という存在が、職場の先輩のような、姉のような、お母さんのような存在になれたら嬉しいと思いながら、いつもお話ししています。

本書を通してお伝えしてきた「お客様と深い信頼関係を築くスキル」は、たとえ販売するものや業種が変わっても、活かされていく力なのです。

自信のなかった私がここまで楽しく前向きに生きられるようになったのは、リピート顧客の皆様にたくさんの「土井さんだから買いたい」「土井さんじゃないとだめ」という言葉をかけていただいたことに他なりません。

つまり、リピート顧客を増やし続けてきたことで、最も人生を変えてもらったのは私自身だと思うのです。

そして、昔の私のように自信がなかった受講生の方からも、このような嬉しいご報告をいただいています。

お会計中に、「自粛期間を経て、やっと買い物にくることができたんです。やっぱりお店での買い物って楽しいですね！　紹介してくれてありがとうございます」という言葉をいただき、涙が出るほど嬉しかったです。「私だからできる接客」を見つけられた気がしました。

「あなたがすすめてくれるなら試したい」とお客様が言ってくださいました。「お買い求めでないときでも、いつでもお気軽にいらしてください。またお話が聞きたいです」と伝えると、パッとお顔が明るくなって、「また遊びにきますね！」と言ってくださり、お客様とこうして想いを共有できる幸せを噛みしめています。

あなたにも、「他の販売員が対応しても同じ」という接客から脱し、あなたらしく、心から接客を楽しめるようになってほしいと本気で思っています。

POINT

販売員の可能性は、無限に広がっている

おわりに

何ものにも代えられない、販売員の価値

最後に「また大袈裟なことを言って！」と笑われるかもしれませんが、私は販売員が世の中を変えられると思っています。

なぜなら、販売員はお客様のモチベーションや幸せな未来をも生み出すことができるからです。販売員時代、自分の接客したお客様が「これを身につけると自信が湧いてくる」「明日からの仕事も頑張れそう！」「プレゼントして大切な人が笑顔になってくれるといいなぁ」なんて、幸せそうに帰って行く姿を見ると、なんて素敵な仕事をしているんだろうと誇らしい気持ちになっていました。

私一人が幸せにできるお客様には限界がありますが、こうして私の想いが詰まった本を読んでくださる読者の皆様が、さらにたくさんのお客様を笑顔にして、明日からのモチベーションを提供していくのであれば、決して大袈裟な話ではないと思います。

そして、たくさんのお客様の心が豊かになっていったら……、きっと世の中は変わ

っていくと思うんです。

２０２０年は、これまで経験したことのない大変な年になりましたが、人と直接会う喜びを再確認できた年でもありました。

このような時代だからこそ、あなたには店頭に立つ販売員として、お客様の心に寄り添い、お客様の笑顔を作れる存在であってほしいと思っています。


直接、本書をお渡しできないことが残念ですが、読者の皆様がこれまで以上に販売員として輝かれることを心から願っています。

また、私を大切に育ててくださったルイ・ヴィトンという会社、ルイ・ヴィトンでお世話になった皆様、さらに「あなただから」と会いにきてくださったたくさんのお客様にこの場を借りて感謝申し上げます。

そして何より、大好きな仕事を続けられるように私を支えてくれて、新しい仕事を始めることも快く応援してくれた家族、友人のみんな、いつも本当にありがとう。

土井美和

元ルイ・ヴィトン顧客保有数No.1
トップ販売員《はんばいいん》の接客術《せっきゃくじゅつ》

2020年11月30日　初版発行
2024年 4 月17日　12刷発行

著　者……土井美和《どいみわ》
発行者……塚田太郎
発行所……株式会社大和出版
東京都文京区音羽1-26-11　〒112-0013
電話　営業部03-5978-8121／編集部03-5978-8131
https://daiwashuppan.com
印刷所……誠宏印刷株式会社
製本所……株式会社積信堂
装幀者……三森健太（JUNGLE）

ISBN978-4-8047-1873-6

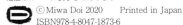